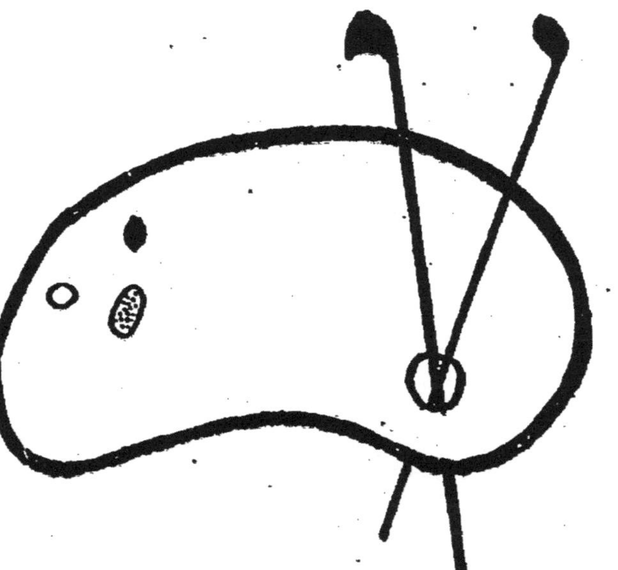

L'HISTOIRE DE LA MISSION

DES

PÈRES CAPUCINS

DE LA PROVINCE DE TOURAINE

A MAROC

1624-1636

Par le P. FRANÇOIS D'ANGERS

RÉIMPRIMÉE D'APRÈS L'ÉDITION ORIGINALE

PAR LES SOINS

du P. APOLLINAIRE DE VALENCE

ROME

ARCHIVES GÉNÉRALES DE L'ORDRE DES CAPUCINS

Place Barberini

1888

HISTOIRE

DE LA

MISSION DES PÈRES CAPUCINS

DE LA PROVINCE DE TOURAINE

AU ROYAUME DE MAROC

L'HISTOIRE DE LA MISSION

DES

PÈRES CAPUCINS

DE LA PROVINCE DE TOURAINE

A MAROC

1624-1636

Par le P. FRANÇOIS D'ANGERS

RÉIMPRIMÉE D'APRÈS L'ÉDITION ORIGINALE

PAR LES SOINS

du P. APOLLINAIRE DE VALENCE

ROME

ARCHIVES GÉNÉRALES DE L'ORDRE DES CAPUCINS

Place Barberini

1888

HISTOIRE DE LA MISSION

DES

PÈRES CAPUCINS

DE LA PROVINCE DE TOURAINE

AU ROYAUME DE MAROC, EN AFRIQUE

PAR LES ORDRES

du R. P. JOSEPH DE PARIS

PREDICATEUR CAPUCIN, COMMISSAIRE APOSTOLIQUE DES MISSIONS ETRANGERES

Placuit nobis collectis in unum eligere viros et mittere ad vos qui tradiderunt animas suas pro nomine Domini Nostri Jesu Christi. Act. xv, 26.

A NIORT

PAR LA VEUVE JEAN BUREAU

Imprimeur et marchand libraire.

1644

DEUS HONORAVIT PATREM IN FILIIS,
ET JUDICIUM MATRIS EXQUIRENS FIRMAVIT IN FILIOS.
ECCL. III, 3.

AU. R. P.

LE R. P. MICHEL DE NEVERS,

PROVINCIAL DES PÈRES CAPUCINS DE LA PROVINCE DE TOURAINE.

MON RÉVÉREND PÈRE,

Ce petit ouvrage vous va trouver. Ce n'est pas pour chercher la protection de votre science : il n'est pas assez travaillé pour mériter un tel appui. Une érudition si éminente ne déploie volontiers ses effets que sur des productions dignes d'un tel soutien : comme l'Aigle ne se charge pas de l'éducation du plus légitime des siens ; comme Alexandre voulait que ses divertissements retinssent les marques de sa majesté, j'en prépare d'autres, pour les rendre dignes de cette faveur illustre.

C'est le fruit d'un arbre pareil à celui de l'Évangile, qui paraissait stérile, et que vos

*

soins ont fertilisé, qui se présente à Votre Révérence pour le premier hommage de sa fécondité.

Ce sont aussi deux Lionceaux, comme Juda, endormis sur leur proie depuis quinze ans, entre les sablons de Libye, qui se sont réveillés par l'efficace de votre voix. Ils viennent exciter votre zèle, qui a paru dans la Mission pour le service des autels, et ailleurs dans les emplois que Votre Révérence a procurés pour l'utilité de la Province. Ils lui veulent montrer de grands espaces, pour y étendre son ardeur; l'assurer que la moisson est belle et manque d'ouvriers; que leur sang y en appelle d'autres, comme ils y ont été provoqués par celui de ceux qui les y ont devancés; que l'Ordre de mon Père saint François est, depuis quatre siècles entiers, en possession du dessein généreux de cette future conquête, que tant d'interruptions n'ont pu prescrire. C'est pourquoi il conserve toujours le droit d'en reprendre l'usage, quand il plaira à Dieu d'en donner le mouvement à ceux auxquels il touche de le recevoir, et qu'étant Maître de la Moisson, ils conjurent Votre Révérence d'y envoyer. Recevez-les donc, s'il vous plaît; il est juste que, les ayant fait réveiller, vous leur fassiez un accueil aussi favorable qu'ils se le sont promis de votre bonté, qui ne saurait dénier une chose due, et n'en voudrait pas refuser une de courtoisie. C'est le souhait et la très humble prière de,

Mon Révérend Père,

Du couvent des Capucins de Niort,

Votre très humble et très obéissant
F. et S. en Notre-Seigneur.

F. F. D. A. C I.

Ce premier juin 1644.

PERMISSIONS D'IMPRIMER.

Nos F. Innocentius a Calatagerone, Minis. Generalis Ordinis FF. Minorum Capucinorum, Tibi Ven. P. Francisco Andegavensi, in tenore præsentium concedimus, ut relationem a te exaratam, cui titulus est : *L'histoire de la Mission des Pères Capucins de la Province de Touraine au Royaume de Maroc en Afrique*, etc., doctis Religionis nostræ Patribus a P. Provinciali Capucinorum Provinciæ Turonensis assignandis committas examinandam. A quibus si fuerit approbata, ut prælo detur libenter concedimus, servatis omnibus de jure servandis. Speramus siquidem quod fratrum nostrorum zelus tali relatione ad salutem animarum procurandam magis ac magis accendatur. Datum Romæ, 20 Junii 1643.

F. INNOCENTIUS, Minis. Generalis.

Locus Sigilli.

Nous, Frère Michel de Nevers, Provincial, bien qu'indigne, des Frères Mineurs surnommés Capucins, de la Province de Touraine, vu la permission de notre Très Révérend Père Général et l'approbation des Théologiens, donnons licence au très Vénérable Père François d'Angers, de faire imprimer le Livre qui porte pour titre : *L'Histoire de la Mission des Pères Capucins de la Province de Touraine au Royaume de Maroc en Afrique*, etc., composé par lui. En foi de quoi avons signé les présentes, et apposé le Sceau de notre Office, en notre Couvent de Poitiers, le sixième jour de mars 1644.

F. MICHEL, comme dessus.

Locus Sigilli.

APPROBATIONS DES THÉOLOGIENS

DE L'ORDRE.

Par commission du Révérend Père Michel de Nevers, Provincal des Capucins de la Province de Touraine, j'ai lu avec attention *L'Histoire de la Mission des Pères Capucins de la Provincce de Touraine au Royaume de Maroc en Afrique*, etc., composée par le Très Vénérable Père François d'Angers, des mêmes Ordre et Province, où non seulement je n'ai rien rencontré contraire à la foi ou aux bonnes mœurs, mais plutôt plusieurs belles pensées et naïvement déduites, capables d'animer les cœurs à l'amour des souffrances et au zèle du salut des âmes. C'est pourquoi je juge l'ouvrage mériter la presse et digne de voir le jour. Fait à Poitiers, le cinquième jour de mars 1644.

F. YVES de Nevers, Prédicateur,
Définiteur Provincial.

Je soussigné, Gardien des Pères Capucins du Couvent de Niort, assure avoir vu, lu et examiné très exactement, par le commandement de notre Révérend Père Provincial, le Père Michel de Nevers, *L'Histoire de la Mission des Pères Capucins de la Province de Touraine au Royaume de Maroc en Afrique*, etc., composée par le Très Vénérable Père François d'Angers, des mêmes Ordre et Province, en laquelle je n'ai rien trouvé qui ne soit conforme à la Foi Catholique, Apostolique et Romaine, et aux bonnes mœurs. Et ainsi je l'ai jugée nécessaire d'être publiée, estimant qu'outre les sentiments de piété qu'elle produira ès âmes de toute sorte de personnes, les Religieux auquels le Ciel inspire les saints mouvements de travailler en semblables emplois, en concevront et produiront de plus généreux desseins, à l'exemple de ceux dont la vie et la mort y sont très naïvement et succinctement exprimées. Fait en ce Couvent des Capucins de Niort, le premier jour de mars 1644.

F. AGATHANGE d'Angers, Cap.

V. P. FRANCISCO A JULIOMAGO ANDIUM,

F. BONICIUS CASTRIERALDENSIS.

EPIGRAMMA.

Temporibus mandare par est præclara futuris
  Gesta virum, populos quæ meminisse juvat.
His motus, longum reseras quod, Rege jubente,
  Mensa est oceano Gallica Classis iter.
Describis varios, Libycas postquam appulit oras,
  Quos tulit a nimium Gente feroce dolos.
Macte animo, nulli parcas, Francisce, labori,
  Perge quod intrasti currere laudis iter.
Historiam docta sic dum complecteris arte
  Historia dignum nomen habere meres.
Ast tu nec nomen quæris, nec præmia poscis,
  Sed prodesse studes, utilis esse petis.
Dignus utroque tamen, merito donaberis ipsis,
  Semina larga serens, semina larga metis.
Quid superest? huic o monumentum ponite, Patres.
  Ordinis en decori quot monumenta parat!

L'ESTIME RAISONNABLE

QU'ON DOIT FAIRE DE CE LIVRE.

QUATRAINS.

I.

L'Auteur de cette riche prose,
Si peu jaloux de son renom,
N'a péché en aucune chose,
Qu'en l'oubli qu'il fait de son nom.

II.

Ce Livre est si parfaitement
Accompli d'un tel artifice,
Qu'il ne peut craindre aucunement
Le médisant ni sa malice.

III.

Il ne faut plus passer les mers,
Pour voir Maroc et ses déserts;
La lecture de cet ouvrage
Accourcira ce long voyage.

F. ANTOINE D'ANGERS, C. I.

AVANT-PROPOS.

Si je ne craignais avec raison de tomber dans le blâme fort juste de l'imprudent architecte qui fait le portail plus grand que la maison, je donnerais à ce discours toute l'étendue que mon esprit fournirait à ma plume, pour faire voir l'excellence de l'esprit apostolique, par l'emploi même du Fils de Dieu, qui l'a apporté du ciel en terre, par le choix qu'il a fait de ceux qui le devaient, après, communiquer aux autres ainsi que les pères font l'être à leurs enfants, afin que, par ce moyen, leurs honneurs et leurs richesses soient continués dans une postérité glorieuse.

J'en publierais l'utilité, ensuite la nécessité de sa durée, et avec quelle précaution il doit être conservé dans les particuliers pour l'intérêt public de l'Église : ce qui obligea saint Paul à recommander, avec des instances considérables, que l'on n'éteignît pas la vigoureuse chaleur de cet esprit, parce que c'est l'un des plus excellents moyens qu'ait inventés le Fils de Dieu pour le salut des hommes.

Mais, puisque ces discours ne sont pas de saison, ni propres à ce lieu, trop étroit pour les renfermer; puisque aussi ils ont été traités par d'autres, et depuis peu d'années par le Révérend Père Yves de Paris, qui en parle avec une élégance digne du sujet, et une suite de raisons qui en font voir la beauté, en étalent la nécessité, et produisent l'utilité de leur usage, arrêtent la médisance contre la profession religieuse, attirent sur elle les inclinations de ceux qui n'avaient pour elle que de l'indifférence, en font naître l'estime à ceux qui ne la connaissent pas, et persuadent l'illustre entreprise des Missions : il en resserre plus dans un seul chapitre, que d'autres n'en étaleraient dans un volume entier; je laisse ce qu'il a touché, et j'entreprends ce qu'il a laissé.

C'est de dresser l'histoire d'une Mission, que je puis dire être la première production, au dehors, du zèle séraphique du Révérend Père Joseph de Paris, de l'ordre des Révérends Pères Capucins. Il avait établi la mission dans le Poitou, par le commandement de Sa Sainteté, à la grande satisfaction de Monseigneur l'Évêque de Poitiers, qui la témoigne encore tous les jours par le continuel emploi des Pères missionnaires et l'augmentation de leur nombre. Il voulait qu'elle servît comme d'essai aux missions, étrangères qu'il projetait de procurer, par un mouvement particulier et extraordinaire qu'il en avait eu du ciel. Après qu'il en eut reçu la charge par l'ordre du Saint Père et de la Sacrée Congrégation, il commença par celle du Royaume de Maroc, en Afrique. C'est celle que j'explique, afin que, considérant le travail des Religieux, on sache combien ils se rendirent fidèles à cultiver cette vigne.

L'HISTOIRE

DE LA

MISSION DES PÈRES CAPUCINS

DE LA PROVINCE DE TOURAINE

AU ROYAUME DE MAROC, EN AFRIQUE.

LE PREMIER VOYAGE DE MAROC

EN AFRIQUE. (1624-1629.)

CHAPITRE I.

Souvenir des Frères-Mineurs martyrisés à Maroc au XIIIe siècle. Premières relations du Commandeur de Razilly avec ce pays; cet officier conçoit le projet d'y établir une mission de religieux Français.

Entre les voix des créatures dont la parole de Dieu publie les éclats, je n'en reconnais point de plus puissante que celle du sang. Dès le commencement du monde, elle attira la vengeance du Ciel sur le misérable Caïn; elle arracha du cabinet de Dieu cette pièce de réserve pour montrer sa justice, et le contraignit de mettre cet attribut en évidence. Depuis, le sang de Jésus a parlé plus hautement et avec plus d'efficacité que celui d'Abel[1], il a fait des-

[1] Hébreux, XII, 24.

cendre sa miséricorde, qui est comme une huile précieuse et un baume divin, en telle abondance, que non seulement elle s'étend sur tous les ouvrages de ses mains divines pour les couvrir, mais aussi elle remplit toute la terre.

On ne s'étonnera pas de cette force, si on considère ce que peuvent, en deux sujets distincts, les attraits de la sympathie, combien elle les attire puissamment pour faire les merveilles que nous admirons en la nature, comme quand la stérilité de la palme oblige le palmier d'abaisser ses branches, pour la rendre féconde par sa soumission et son attouchement. Et, sans chercher des exemples éloignés de notre dessein, quand une plaie verse du sang aux approches du meurtrier, ces gouttes qui coulent sont autant de voix pour découvrir le criminel, afin que la Justice en fasse distiller le sang par quelque sorte de supplice, pour le châtiment de son offense. Voilà comme la voix du sang se fait aussi efficacement entendre sur la terre que dans le Ciel : ce qui n'est pas étrange; Dieu, étant le Créateur de l'un et de l'autre, a établi notre justice sur le modèle de la sienne.

Si l'expérience, plusieurs fois redoublée, nous a rendu ces vérités sensibles, pourquoi refuserions-nous à la grâce ce qu'on admire en la nature? Si on a vu du sang rechercher la vengeance de son épanchement, la demander à haute voix et avec efficace, je me persuade qu'on ne sera pas difficile à croire que, étant échauffé de l'ardeur du zèle apostolique, il peut demander du secours pour achever les desseins généreux qu'il a commencés en se versant. Ainsi, dit saint Léon, le sang des martyrs a engraissé le champ de l'Église, afin qu'elle produisît de nouveaux ouvriers qui la cultivassent, et que les moyens que les tyrans prenaient pour la faire périr en sa naissance, servissent à la gloire de son étendue; et, comme nous avons dit, il a attiré du Ciel la miséricorde de Dieu, aussi bien que sa justice.

Sur ces fondements, j'établis ma créance que le sang de cinq religieux, légitimes enfants du séraphique Père saint François, en a appelé d'autres par certains intervalles, selon les ordres de la divine Providence, afin de travailler à la besogne qu'ils ont ébauchée, il y a plus de quatre siècles, par le commandement de ce grand patriarche, qui avait eu de forts mouvements pour le même dessein; ils n'eurent pas leur effet, Dieu l'ayant réservé pour en faire un témoin de ses complaisances et l'image sensible de ses douleurs.

Cet homme vraiment apostolique, éloge que l'Église lui a donné, ayant manqué le voyage de Syrie pour la conversion des Turcs, eut, peu après, l'an 1214, l'inspiration d'aller à Maroc, en Afrique, et se mit effectivement en chemin; il alla même jusques à Compostelle, au royaume de Galice, où sont des reliques de l'apôtre saint Jacques. Là, il reçut du Ciel l'ordre de retourner en Italie, pour les besoins de sa Religion, qui était encore dans les faiblesses de son enfance : sa conduite lui était nécessaire, et ses exemples devaient servir à son progrès. Ainsi Dieu met souvent à l'épreuve la bonne volonté de ses serviteurs par quelques essais, comme il fit à Abraham et à tant d'autres, ne demandant d'eux en effet qu'une entière obéissance, qu'il chérit par préférence à tous les sacrifices.

Saint François s'avisa de faire par ses enfants ce qu'il n'avait pu par soi-même. Il assembla un chapitre général, l'an 1219, où se trouvèrent tous les religieux de ce nouvel Ordre, que saint Bonaventure compte jusques au nombre de cinq mille. Dans cette assemblée considérable, il prit résolution d'exécuter ce que Dieu demandait de lui, l'envoi de nouveaux apôtres aux quatre parties du monde.

L'Afrique échut à Frère Vital et à cinq compagnons; mais, celui-ci ayant été prévenu de la mort en Espagne, il ne resta que ces cinq. Ils passèrent à Maroc, où, prêchant l'Évangile avec une ferveur digne d'enfants d'un si grand Père, le roi Miramolin, par zèle de sa loi, laissa son sceptre pour prendre une épée de bourreau, et trancher la tête à ces cinq innocentes victimes.

Les ruisseaux de sang qui coulèrent de tant de veines, ont depuis, de temps en temps, appelé plusieurs religieux du même Ordre pour continuer cet ouvrage commencé, ainsi qu'une succession héréditaire à la Religion séraphique; car le Révérend Père Eleu Gilles y fut envoyé pour prêcher, et souffrit la mort pour la défense de l'Évangile, environ l'an 1220. Et le Révérend Père Jean Parent, castillan de nation, qui fut le premier ministre général après la mort de saint François, y envoya le bienheureux Agnellus, qui y répandit aussi son sang pour la confession de la foi, vers l'année 1231. Un an après, les saints Pères Léon, Hugues, Dominique et deux autres, au rapport de Marc de Lisbonne, y moururent aussi pour le même sujet.

De nos jours, le Révérend Père Joseph de Paris, inspiré du Ciel, par un mouvement de son zèle apostolique et par l'ardeur de sa charité séraphique, en qualité de commissaire apostolique des missions étrangères, choisit deux Pères Capucins, l'an 1624, et les envoya aussi à Maroc, où ils sont morts martyrs, sinon par le tranchant de l'épée, du moins par l'effort de la contagion, tandis qu'ils assistaient avec une charité incroyable les esclaves pestiférés. Ce genre de mort est reconnu par l'Église, en plusieurs saints, pour une nouvelle sorte de martyre. Cet honneur, disent les saints, est justement dû à une piété si éminente et à une foi si généreuse.

Avant de lire cette histoire, il faut que l'on sache que je l'ai tirée avec sincérité de plusieurs mémoires authentiques, de lettres de personnes de créance, quoique de conditions différentes, qui ont été dans cet emploi, et dont j'ai les originaux; j'ai mis également à profit les écrits de nos missionnaires eux-mêmes.

Mais, d'abord, il importe de découvrir l'origine de leur mission, qui fut dans un moyen offert par la Providence au Révérend Père Joseph pour l'exécution d'un dessein qu'elle lui avait inspiré.

Nos puissances, aussi bien que le fer, s'usent davantage par la rouille que par l'emploi; d'où vient que les bons courages s'engagent librement dans les hasards, choisissant plutôt de finir en agissant avec honneur, que de subsister dans une vie languissante, à la faveur de l'oisiveté. Monsieur le Commandeur de Razilly, à qui sa profession et sa naissance donnaient de la générosité, se sentit piqué de cette inclination. Pour ce, voyant l'Europe dans une paix assurée, il résolut de passer en Afrique pour y chercher la guerre, animé à ce dessein par les persuasions de son frère aîné. Il demanda au roi de France des lettres de recommandation pour celui de Maroc, à dessein de rétablir les anciennes alliances entre ces deux couronnes, et voir si ce dernier lui voudrait donner moyen d'entretenir des Français dans quelque port et place de sûreté, avec l'exercice libre de la religion catholique par tous ses États, sous la promesse de le servir fidèlement contre ses ennemis par mer et par terre.

Ce Commandeur, en l'an 1619, traita cette affaire avec tant de vigueur et d'adresse, qu'il la fit réussir, et obtint même l'envoi d'un gentilhomme maure en France vers Sa Majesté, pour la remercier, au nom du roi son maître, des témoignages, qu'Elle lui avait envoyé offrir, de son amitié et de son désir d'un renouvellement d'alliance, le suppliant de vouloir nommer le sieur de Razilly l'aîné pour ambassadeur, avec mémoires et pouvoirs nécessaires, afin d'aviser aux conditions raisonnables d'une bonne union et la rendre solide; ajoutant qu'il proposait cette personne en particulier, pour être en créance dans l'esprit du roi son maître, et connue de lui pour l'ennemi véritable de ses propres ennemis; qu'à peine pourrait-il prendre assurance en un autre de qui la réputation ne serait pas si publique dans ses États.

Les affaires d'État sont tellement compliquées, que, les traitant avec messieurs les Ministres, elles ne prennent pas tout le cours qu'on leur pense donner. C'est ce qui arriva en l'occasion présente : la proposition que nous venons de dire ne fut pas suivie du roi de France. On n'eut pas égard aux protestations de l'agent du roi de Maroc, qui résista avec tous les efforts possibles à la nomination de

Du Mastet, Provençal, proposé pour cette entremise. L'agent assurait qu'il n'y aurait pas de sûreté pour ce personnage, peu agréable au roi son maître, qui, l'ayant vu dans ses côtes et ses pays avec déplaisir, ne lui en permettrait jamais l'approche. Néanmoins, il fut résolu qu'il irait, et on lui donna ses expéditions. Effectivement, il partit pour Maroc, où, aussitôt qu'il eut mouillé et descendu à terre, il fut arrêté, fait prisonnier, mis aux fers, et il est mort misérable dans cette captivité honteuse et pénible.

Cet accident interrompit l'exécution du dessein, qui fut vu périr en sa naissance, comme ces vapeurs enflammées qui attirent dans des précipices ceux qui les suivent. Il est vrai que cette mort apparente n'était que pour le faire revivre avec plus d'éclat, Dieu l'ayant réservé au courage d'une personne considérable en piété, en valeur et en mérite.

Et de vrai, en l'année 1623, Monsieur le Commandeur de Razilly reçut un gentilhomme français échappé des prisons de Maroc, duquel il apprit le déplaisir que témoignait ressentir le roi de ce pays, pour la mort du sieur de Razilly, son frère aîné, et pour ce que lui-même il discontinuait de travailler à l'accommodement des deux couronnes; il l'assura, selon sa connaissance, que lui seul le pouvait, vu la haute estime dans laquelle il était, du côté de l'Afrique, pour sa probité et pour sa valeur.

CHAPITRE II.

Le Commandeur de Razilly obtient du Père Joseph trois missionnaires, les Pères Pierre d'Alençon et Michel de Vezins, et le Frère Rodolphe d'Angers. La flotille arrive à Saffi le 3 octobre 1624. Premières relations avec les esclaves chrétiens. L'Empereur invite le Commandeur à venir à lui; mais il le retient prisonnier avec son escorte, dont les missionnaires font partie. Peu après, il le députe au roi de France pour lui porter ses plaintes contre ceux de sa nation. Le Frère Rodolphe est adjoint à cette ambassade.

Dieu, qui conduit toutes choses avec une douceur extrême pour servir utilement au dessein de sa gloire, permit cette rencontre heureuse au temps que le Commandeur tenait en mer trois vaisseaux armés, dont le service était lors inutile, ayant été licenciés après la paix faite avec les Religionnaires de ce royaume. Tous ces motifs joints ensemble lui firent prendre résolution de s'y engager, et il se sentit comme intérieurement pressé de l'effectuer. Il demanda donc et reçut la commission pour passer à ces côtes d'Afrique, et découvrir au vrai les intentions du roi de Maroc, avec qui le roi de France désirait alliance, afin d'empêcher la continuation de la prise de nombre de Français que ces barbares faisaient esclaves, d'en retirer ceux qui y étaient, et d'y établir le commerce.

En cet état, il s'adressa au Révérend Père Joseph de Paris, lors provincial des Pères Capucins de la province de Touraine, pource qu'il était Commissaire apostolique de nos missions étrangères, comme il est exprimé en sa vie, et lui proposa son dessein. Cette ouverture fut, au zèle apostolique de ce Père, une matière propre à le faire éclater. C'était, à vrai dire, jeter de l'huile dans un feu, pour le nourrir et le rendre plus ardent; aussi l'embrassa-t-il comme un moyen véritable qui lui était offert, par ce digne chevalier, pour étendre la gloire de Dieu, qui est la chose dont il a toujours été davantage pressé, comme un nouvel apôtre, à l'exemple du grand saint Paul et du Sauveur, qui souhaitaient que tous arrivassent à la connaissance de la vérité.

Ce fut pourquoi il fit députer par le chapitre de le province de Touraine les Révérends Pères Pierre d'Alençon et Michel de Vezins, avec Frère Rodolphe d'Angers, pour accompagner le Commandeur, assister au spirituel son équipage, et principalement pour reconnaître si on pourrait s'habituer en Salé, Saffi et Maroc, en sorte que, par le moyen d'un nombre suffisant de religieux, on pût rendre l'assistance nécessaire à une grande quantité d'esclaves tant Français que d'autres nations catholiques, et gagner plusieurs Andalousiens sortis d'Espagne, qui sont hérétiques et passent leurs jours dans une liberté pleine d'infamie, comme ceux desquels le saint homme Job assure que, après avoir employé leur vie en débauches, ils descendent en un instant dans les enfers. Le zèle de ce Père allait jusques à penser au salut même du roi et de tout son peuple, si Dieu y donnait tant soit peu d'ouverture, et daignait seconder la générosité des ouvriers. Ces Pères eurent charge d'y prendre des habitations et de donner promptement avis de leur succès, afin que, s'il était favorable à ces glorieux desseins, on leur envoyât du secours pour composer une armée du Dieu vivant.

Ainsi le patriarche Jacob avait-il envoyé son cher Joseph pour apprendre l'état de ses frères et de leurs troupeaux, et lui en faire un rapport fidèle.

Monsieur le Commandeur, étant assuré de ces Pères, au chapitre de leur province, qui se tenait lors à Orléans, environ le mois d'août 1623, se rendit à la cour, où il travailla une partie de l'hiver à toucher les assignations nécessaires pour les frais de l'envitaillement de ce voyage.

Je ne parle point de la vertu et des bonnes qualités de ces religieux : c'est assez de dire qu'ils furent choisis par les Pères de la province assemblés au chapitre ; c'est là une preuve de leur probité sans reproche, et de la bonne estime en laquelle ils étaient dans l'esprit de leurs supérieurs. Et puis cette histoire en sera la montre : on y verra avec quelle fidélité ils ont travaillé ; leur patience y est remarquable ; leur humilité y est en considération ; leur charité y a un grand éclat ; leur pauvreté y est parfaite ; enfin, leurs vertus y sont étalées avec lustre.

Il est vrai, pourtant, que j'aurais sujet d'exprimer quelque chose en particulier du Révérend Père Pierre, qui fut nommé supérieur en cet emploi ; sa vertu avait aussi quelque chose de plus éclatant. Sa vocation extraordinaire à l'ordre des Pères Capucins mériterait d'être racontée en ce lieu, si quelque jour on ne la lisait dans la vie du Révérend Père Joseph, dont Dieu s'était servi pour l'appeler, ce qui fut un préjugé que sa vie ne serait pas commune, et que Dieu s'en servirait à quelque haut dessein pour sa gloire, comme en effet il est arrivé.

Il fut premièrement employé dans la mission de Poitou, et puis au secours spirituel des soldats, dans les armées de terre et de mer, que Sa Majesté avait lors pour dompter la rébellion de ses sujets qui font profession de la Prétendue. Il y témoigna qu'il avait le cœur noble, conforme à la naissance qui lui donnait cet illustre avantage. L'ardeur de sa charité s'y mit en évidence, qui jusque là était cachée comme du feu sous les cendres de l'humilité; joint que les occasions ne lui avaient fourni la matière pour son entretien. On le vit mépriser les hasards, et s'exposer librement entre les périls pour confesser les soldats blessés : ce fut l'essai du grand emploi qu'on lui devait donner ensuite, et duquel nous étalons l'histoire.

Après que Monsieur le Commandeur eut avec grand'peine travaillé en cour à l'ajustement de cette entreprise, il mit enfin à la voile, l'année présente 1624, avec ces trois religieux, environ au mois de mai, et n'arriva à Saffi, qui est le hâvre de Maroc, sinon le 3 octobre. A qui fera réflexion sur ce jour, il l'avouera être le pronostic du futur bonheur de ces bons Pères. C'est la veille du jour que l'Église a consacré au souvenir des mérites illustres de leur patriarche, le grand saint François; ils devaient y achever ce qu'il y avait commencé en volonté par soi, et en effet par ses premiers enfants.

Ayant mouillé à cette rade, ils en donnèrent avis

au roi, de qui ils reçurent l'assurance d'un accueil favorable. Sur la parole du prince, ils descendirent à terre, le quatrième octobre, avec Monsieur le Commandeur. Les deux Pères dirent la sainte messe, en ce jour qui leur est si célèbre, dans la chapelle du consul, où la musique chanta, et le R. P. Pierre fit une exhortation aux catholiques esclaves et aux autres qui s'y purent trouver, le nombre desquels n'était pas petit.

Si ces pauvres captifs eurent de la joie à la vue de ces bons Pères, je le laisse à penser ; car, outre que leur vie exemplaire est un motif puissant d'une consolation véritable, leur habit, par la bénédiction qu'il a reçue du Ciel, jette dans les cœurs une allégresse qui ne serait pas croyable si elle n'était ressentie tous les jours. Que si cela est certain partout où l'usage de cet habit est commun, quelle ne dut pas être la joie que sa vue excita en ces pauvres chrétiens languissant sous le faix de plusieurs misères, éloignés de leur pays, de leurs connaissances, chargés de chaînes, à demi consumés de la faim, faute de nourriture, et leurs langues attachées au palais de la bouche par l'ardeur de la soif violente qu'ils souffraient dans l'obscurité de leur prison ! Ce peu de pain et d'eau qu'on leur distribuait chaque jour, servait à les faire languir plutôt qu'à les faire vivre : certes, l'invention est étrange à prolonger un supplice.

Le plus sensible de leur affliction était d'être privés de la pâture spirituelle, et de n'avoir personne qui la leur distribuât, quoiqu'ils la demandassent, et on ne peut douter, après les assurances qu'en a données le Fils de Dieu, qu'elle n'est pas moins utile à la vie que le pain. J'avoue que c'est une punition étrange, que d'être réduit jusques à cette extrémité, puisque Dieu, en sa colère et dans le châtiment d'une famine, promettait à son peuple de lui conserver présent celui qui le devait instruire, afin qu'il eût toujours la vue sur ses exemples, et les oreilles attentives à ses enseignements. C'était, à dire vrai, une épreuve bien dure à la constance des bons. J'ajoute cette restriction, car plusieurs de ces captifs ressemblaient aux veuves qui portaient, dit l'Apôtre, leur condamnation, ayant faussé leur première créance, et, comme Hymenæus, étaient déchues de la vérité qu'elles avaient professée. La piété, en la plus grande partie, comme le bon grain de l'Évangile, avait été semée entre les ronces et sur des pierres; aussi fut-elle suffoquée, et se sécha-t-elle faute d'humeur.

Enfin, considérant leur infortune en la punition dont Dieu les châtiait, ils avaient tous grand sujet de dire qu'ils étaient ces hommes du Prophète, assis dans les ténèbres et l'ombre de la mort, liés de fers, accablés de misères. Mais ils en eurent un de réjouissance, voyant ces bons Pères comme une nouvelle lumière qui montrait les premières pointes de ses rayons dans la sombre demeure de leur captivité. Qui doute que Dieu ne donnât à ces âmes apostoliques une surabondance de consolation, à ce qu'elles en pussent communiquer un peu à ces malheureux qui languissaient dans les souffrances? Ainsi distribuèrent-ils, comme fidèles économes, ce qu'ils avaient reçu de Dieu.

Cette allégresse ne fut point particulière à quelques-uns de ces pauvres captifs. Comme la chaleur, qui se dilate aisément, elle s'étendit si fort entre eux tous, qu'elle devint publique : d'où naquit une confiance qui donna aux Français la liberté d'ébaucher quelque commerce. Les Maures allaient aux navires avec franchise, et les Français en terre avec sûreté. Quelques jours s'étant passés de la sorte, on eut tout sujet de se promettre un succès avantageux de l'entreprise. Ce qui confirma cette créance, fut que le sieur Cizifaré, gentilhomme maure, qui avait été en France comme nous avons dit, apporta un passe-port du roi, en bonne forme, signé de sa main et scellé du sceau des armes de Sa Majesté, par lequel il promettait au Commandeur de Razilly et aux siens assurance dans ses États.

Sur cette foi publique, il descendit à terre avec les trois Pères Capucins, suivi de trente personnes, les plus considérables de son équipage, bien couverts et en bon ordre, à dessein d'entrer dans la ville de Maroc avec éclat, pour delà rendre ses respects au roi, proposer le dessein de son voyage, et lui présente ses pouvoirs. O trahison étrange, qui n'a pu naître que d'un esprit barbare (car il est certain que la mauvaise foi combat ouvertement les principes de notre nature)! Comme il arriva au consul Cornélius Asina opprimé par les Carthaginois qui, l'ayant appelé sous prétexte de vouloir parlementer, se saisirent de lui avec une visible preuve de la perfidie des Africains, ainsi, malgré une assurance si authentique, le gouverneur de Saffi, qu'ils pensaient être venu pour les recevoir au nom du roi son maître, les arrêta tous et les fit prisonniers.

Les ayant dépouillés de tout ce qu'ils avaient de meilleur, on les fit monter à cheval, et, liés, ils furent conduits captifs dans l'armée du roi, au milieu de son camp, qu'ils appellent en leur langue *Lasmahala*. Ils y furent logés dans une tente assez proche de celle du prince, où on les pourvut des choses nécessaires pour leur vivre, à la façon du pays. En cet état, ils purent dire, comme de cette célèbre académie de Grèce : pour grande et peuplée que fût la ville, elle n'était pas moins une grande solitude. Ainsi ces prisonniers se trouvèrent dans un désert à la cour d'un roi et au milieu d'une armée. Là, ils furent abandonnés ; aucun de la cour n'osait les visiter. Quelques pauvres Arabes y venaient en cachette, ne voulant pas être reconnus, quoique ce ne fût par humanité, mais en espérance de quelque profit. Ils contrefaisaient les officieux, pour leur apporter des nouvelles qui, bien souvent, n'étaient pas véritables; ils les inventaient pour servir de prétexte au petit gain qu'ils en prétendaient : ce peuple est extrêmement mercenaire.

Ce fut en cette occasion que le zèle du Père Pierre commença de produire ses premiers éclats, animant ses compagnons dans cet essai de souffrance par l'exemple de sa constance et de ses paroles. Comme il vit que cette captivité n'était pas pour finir bientôt, il distribua le temps en divers petits emplois, afin d'adoucir leur peine par cette innocente tromperie. Ils avaient les heures destinées pour faire leurs prières en commun, sans préjudice de celles que les Pères avaient choisies pour leurs dévotions particulières.

C'est dans les petits sujets, comme celui que je vais dire, qu'on peut remarquer les plus grandes merveilles de la divine Providence. Un jour, le roi passant assez près de la tente de nos prisonniers à l'heure qu'ils faisaient les prières publiques, le P. Pierre, qui avait la voix belle, chantait les Litanies de la Vierge. Sa Majesté s'arrêta pour l'entendre, et en témoigna beaucoup de satisfaction; de sorte que souvent il soulageait son esprit par ce divertissement; il s'y rendit si assidu, qu'un jour, le Père ayant discontinué de chanter, le roi lui envoya commander de continuer, l'assurant du plaisir qu'il en recevait.

Monsieur le Commandeur sortit, un soir entre les autres, et le P. Pierre avec lui, hors la tente, d'où ils s'éloignèrent un peu, s'entretenant sur les effets miraculeux de la providence de Dieu, qui conduit souvent ses ouvrages à leur perfection entière par des moyens contraires à nos raisonnements et à nos prévoyances. Ce discours fini, le P. Pierre, par un mouvement d'une ferveur extraordinaire, dit à ce bon chevalier qu'il le conjurait de se résoudre à être serviteur de la Mère de Dieu. Comme si c'eût été un oracle du ciel qui lui eût fait ce commandement, le chevalier fit vœu de servir éternellement une si grande Reine. Ce vœu ne fut pas plus tôt achevé, qu'un homme qu'ils ne connaissaient point se mit au milieu d'eux, et leur dit : « Réjouissez-vous; le roi a résolu de vous renvoyer en France. » — A l'instant, il disparut sans demander de récompense, comme c'est la coutume de ce pays pour le moindre service. Je ne décris point leur étonnement; il est trop aisé à croire, d'autant plus que moins ils y reconnaissaient d'apparence. Ainsi se retirèrent-ils auprès de leurs compagnons.

Mais ils furent bien plus surpris le lendemain au matin, qu'un alcade les vint trouver de la part du roi, pour leur proposer sa bonté et sa clémence, qui, encore que Sa Majesté sût leur mauvais dessein, offrait à quelques-uns la permission de retourner en France, pour y faire entendre le sujet qu'il avait de se plaindre des Français, et en rapporter la satisfaction qu'il désirait; que, pour cet effet, il leur commandait de choisir ceux qu'ils voulaient envoyer, et qu'il leur donnerait des passe-ports.

Il est vrai qu'un Provençal, en bonne posture près de ce prince, piqué de jalousie, lui avait persuadé que les nôtres devaient arriver à dessein de surprendre Saffi, sous prétexte d'une alliance entre les deux couronnes. Monsieur le Commandeur, étonné de ce rapport autant que des offres, répartit qu'il suppliait très humblement le roi de lui permettre l'honneur de le saluer, et que Sa Majesté connaîtrait à son visage, par la science de physionomie en laquelle Elle était expérimentée, s'il avait l'esprit susceptible d'une lâcheté pareille. Cette proposition succéda avec grand heur, comme nous dirons.

Tandis que l'alcade fut faire son rapport au roi, nos prisonniers se mirent en devoir de choisir ceux qui retourneraient, selon les offres qu'on leur avait faites. Monsieur le Chevalier proposa le Père Pierre, et lui Monsieur le Commandeur, ce qui fut suivi du sentiment commun; mais, ne pouvant s'y résoudre, le Père Pierre dit qu'il fallait demander à Dieu qu'il lui plût leur faire connaître sa volonté. Ils invoquèrent le Saint-Esprit. Leurs prières achevées, chacun continua dans son premier avis, savoir, que Monsieur le Chevalier y devait aller avec Frère Rodolphe d'Angers, le troisième des Pères Capucins, et son valet de chambre.

Cette résolution prise, ils attendirent celle du roi, qui, agréant la repartie du Commandeur, lui envoya la permission de le venir trouver. En effet, il y fut, et fort bien reçu. Le prince reconnut une si grande ingénuité sur le visage du chevalier, qu'il lui donna pouvoir, sur sa parole, de retourner en France pour faire éclater ses plaintes à la cour contre un certain Français, qui s'était dit envoyé du roi, et qu'il accusait d'un vol considérable. Voici le fait : le roi de Maroc s'était vu assiégé d'une armée si puissante, qu'il avait sujet de craindre d'être chassé de ses États. Dans cette appréhension, il avait confié à ce Français un million en or et en pierreries, et grand nombre de volumes d'une rare bibliothèque, pour les apporter en France, afin d'y conserver le tout. Ce pauvre homme, faisant sa route, fut rencontré par un vaisseau d'Espagne, qui se rendit maître du trésor après l'avoir été du navire. Le roi de Maroc croyait que ce fût un fourbe, et en demandait la réparation, comme d'un vol et d'une perfidie. Sa Majesté fit délivrer au sieur Chevalier un mémoire de ce qu'Elle prétendait pour réparation de cet affront insigne, et en dédommagement d'une si notable perte. Une circonstance rendait à ses yeux ce crime plus énorme ; c'est qu'il avait été commis contre la foi publique, ce qui choque le droit des gens, toujours religieusement observé et tenu avec grand respect dans toutes les nations de la terre.

Monsieur le Commandeur partit de Maroc avec le passe-port et les instructions du roi. Il mena avec lui Frère Rodolphe d'Angers, religieux Capucin laï, le troisième de ceux qu'il avait amenés, et un ou deux des siens. Il arriva en France par la Hollande.

A son retour, il rendit compte au roi, à Son Éminence et au Révérend Père Joseph, de tout ce qui s'était passé et des propositions de Sa Majesté de Maroc, qui furent jugées raisonnables.

Mais, a ant de découvrir l'issue de cette négociation, disons qu'elle fut longtemps à se résoudre, à cause des guerres civiles qui travaillaient la France ; le roi ayant à cet effet des armées sur mer et sur terre, tous ses vaisseaux étaient employés, dont le nombre était lors bien petit.

CHAPITRE III.

Suite de la captivité des Pères Pierre et Michel et de leurs compagnons. Barbarie des mahométans. Désespoir des chrétiens; apostasies; mauvaises mœurs. Travaux des missionnaires au milieu de ces infortunés, et leurs heureux résultats. Ils en rendent compte au Père Joseph de Paris. Sa réponse. (1624-1625).

Il faut retourner à Maroc trouver les Révérends Pères Pierre et Michel dans la prison où nous les avons laissés avec plusieurs autres Français de l'équipage de Monsieur de Razilly, comme nous avons dit; aussi bien font-ils le principal sujet de cette histoire.

Ils n'ont pas transmis de grandes particularités sur ce pays, qui est étrangement bizarre; d'autant que les marchands Français les avaient priés avec instance, et pour plusieurs raisons qu'ils n'alléguaient pas, quoiqu'il soit aisé à juger qu'elles regardaient leur intérêt par le commerce, de n'écrire chose aucune qui touchât les Maures. Et comme ils étaient beaucoup avisés, aussi observèrent-ils religieusement cet avis.

Qui ne sait que les affaires domestiques touchent davantage l'intérêt que les étrangères, et les conséquences les rendent plus considérables? La beauté de nos Lys se rendit fade par une concurrence de négoces qui arrivèrent en l'année 1625, de sorte que le sieur Commandeur de Razilly ne put rien faire pour son retour en Afrique, et le Révérend Père Joseph devait aller à Rome, ce qui lui ôtait le moyen de vaquer à cette sollicitation. Joint aussi que le terme préfix par le roi de Maroc était expiré, pendant lequel les pauvres captifs s'éaient consolés par l'espoir de leur délivrance, et la joie d'avoir ces deux bons Pères pour compagnons de leur servitude avait doublé leur consolation. En vérité, ils en avaient tout sujet, car, comme saint Paul dit de lui, écrivant à ceux de Thessalonique, leur entrée parmi ces captifs n'était pas restée inutile : en partageant leurs souffrances, ils s'étaient animés de courage pour leurs annoncer l'Évangile de Dieu avec grand soin.

Ils furent reconduits à Maroc, et resserrés dans la Sagène, où Cézenne, qui est la maison commune pour tous les captifs. Ils avaient, quand ils pouvaient avoir du vin, la liberté de célébrer les adorables mystères de notre Rédemption, dans une chapelle que d'autres prisonniers y ont bâtie. Là, ils prêchaient, enseignaient, confessaient et rendaient les autres assistances aux pauvres esclaves; et, comme les apôtres, ce qui semblait leur devoir imposer silence, les portait à prêcher plus hardiment et plus hautement la parole du salut, à la satisfaction de tous ces infortunés. Si leur zèle, en ce point, avait quelque rapport à celui de saint Paul, je puis dire, sans mentir, qu'en certaine façon ils possédaient cet avantage, que, leur distribuant la pâture spirituelle, la temporelle leur manquait. Il est vrai qu'ils furent nourris quelque temps aux frais du roi, comme les autres; cela ne dura guère, car je suis assuré qu'en ce temps ils commencèrent à ressentir de grands mésaises, que je n'ai pu découvrir en détail, qui redoublèrent à mesure qu'on s'éloignait du temps arrêté pour la satisfaction du roi.

Au mois d'août (1625) ils écrivirent en France[1] pour avertir que les Français esclaves commençaient à perdre l'espérance qu'ils avaient toujours eue de leur future liberté, à cause du retardement de Monsieur le Chevalier, trois mois étant déjà passés au delà du terme. Ce qu'ils trouvaient de plus étrange était qu'ils n'entendaient rien de lui; mais il n'avait aussi que mander, étant à la suite de la cour, en grande peine de n'avoir pu avancer ses affaires. Le roi de Maroc en témoignait son sentiment à ceux de sa confidence, et, ne s'y attendant plus, il s'éloignait de la douceur, et prenait d'étranges résolutions.

Le doute apparent du retour de ce seigneur, fit résoudre les Pères et tous les captifs à se préparer à de nouvelles souffrances, étant probable que ce prince, ainsi irrité, se vengerait sur les Français, et particulièrement sur les deux Capucins et ceux de la suite du chevalier, s'estimant plus offensé par ce manque de parole que par la perte de son trésor. Leur crainte était appuyée de raison, car, voyant le feu dans la maison de leur voisin, ils avaient sujet d'en attendre tout autant.

Le fils aîné du roi commença le premier acte d'une sanglante tragédie, faisant renier la créance à deux Français, l'un Provençal, l'autre d'Olonne, par la force des tourments.

[1] Cette lettre sera rapportée en partie page 28.

Il n'y avait pas plus d'un mois qu'un jeune écolier, de la ville de Rennes en Bretagne, sorti de France à la suite d'une querelle, fut pris, passant en Espagne, par les Turcs, et vendu en ce pays-là, puis envoyé à Saffi, afin de l'obliger au désaveu de sa foi; après quoi, on le devait raser pour servir à ce désordre qui offense la nature, et que l'Apôtre reproche aux Romains : il y en avait déjà plusieurs autres choisis pour ce mauvais usage.

C'est la coutume de ces royaumes, que, avant d'exposer les chrétiens à ces horreurs, on les fasse renoncer à la loi de Jésus-Christ : il permet cet excès, d'où il tire de la gloire, faisant avouer à ses ennemis mêmes que la pureté de l'Évangile et de la foi divine est incompatible avec des abominations si honteuses.

Ces bons Pères ont remarqué que le malheur de cette chute était lors trop aisé, à cause du peu de piété qui restait entre les chrétiens qui demeuraient en ces contrées. La charité était refroidie, je n'ose dire éteinte, ainsi qu'il doit arriver vers la fin du monde, et principalement entre les captifs qui ne portaient que le seul nom de chrétien. De bouche ils reconnaissaient Dieu; mais par leurs actions ils le désavouaient, leur vie étant une continuelle abomination, et leur volonté dans un tel endurcissement, qu'on ne pouvait attendre d'eux, en ce déplorable état, aucune œuvre qui fût véritablement bonne.

Ce soupçon se changea en vérité; car en ce temps les Pères furent plus resserrés, et on leur retrancha le commerce qu'ils avaient au dehors avec des Maures et des Juifs. Cette peine, aussi bien que les autres, leur eût été douce, si elle n'eût été accrue à l'excès par un supplice insupportable à leur probité et à leur zèle. Les mauvais chrétiens et les captifs faisaient, par leurs crimes continuels, plus d'injures à Dieu que les Maures mêmes, et le plus sensible déplaisir, pour nos hommes de Dieu, était de ne pas faire avec eux le profit qu'ils prétendaient, correspondant à leurs soins. *Nous avons*, disaient-ils, *médeciné Babylone, et pourtant elle n'est point guérie*[1]. Mais pour cela ils ne discontinuèrent pas, ains renouvelèrent leurs soins et redoublèrent leurs peines; leur zèle renforça son ardeur par l'objet de cette nécessité présente, comme l'eau, dont le feu est arrosé dans la fournaise, accroît, par l'opposition de ses qualités contraires, la violence de la chaleur et des flammes, après qu'en apparence elles ont été pour un peu comme amorties. Ainsi ces bons courages ne se laissèrent abattre aux premières résistances qui prétendaient servir d'obstacle, ou au moins faire diversion à leur générosité. C'est où ils firent gloire d'éclater avec du profit.

On commença lors à parler de chaînes et de fers; ils furent menacés d'être réduits à un pain de quatre deniers par jour. Si, en effet, ils ne furent pas pour l'heure dans cet accablement extrême, néanmoins leurs esprits furent pénétrés jusques au vif, de voir que leur charité allait être privée de son exercice. On ne peut empêcher une puissance de son action, sans lui faire souffrir de la violence. Ils furent en cet état que le Prophète a chanté de Joseph : *Le fer blessa son âme jusques à ce que sa parole fût venue. La parole du Seigneur l'enflamma. Le roi envoya*

[1] Jérémie, LI, 9.

et le délia; le prince des peuples le délivra[1]. Ces peines qui font horreur à la nature, par une chimie divine se convertirent pour eux en délices; et, comme disait Job, ce qu'ils n'eussent pas osé toucher, ni regarder seulement, une heureuse nécessité les réduisit à ce point d'y trouver du plaisir. Ainsi, ces menaces servirent à ces Pères pour se préparer à de nouvelles souffrances; leurs volontés embrasées produisaient de fervents désirs d'endurer de plus grandes peines, et, comme lions courageux qui s'échauffent à la vue de leur sang, ils travaillèrent avec plus de vigueur à la conversion de ces pauvres criminels de lèse-majesté divine; et pour ceux auxquels ils ne pouvaient parler, ils imitaient le grand saint Paul, fortifiant les nouveaux chrétiens de ses lettres, quand il ne le pouvait de vive voix. Ils écrivaient aux captifs éloignés d'eux, qui voyaient par là que ces bons Pères leur étaient présents d'esprit, ne le pouvant du corps. Enfin, ils n'oubliaient rien de ce qu'ils pensaient pouvoir être utile à ces esclaves, pour les animer à supporter leur servitude, non seulement d'une force humaine, mais d'un courage de chrétien, qui sait tirer des misères de la vie des avantages pour son salut.

[1] In servum venumdatus est Joseph. Humiliaverunt in compedibus pedes ejus. Ferrum pertransiit animam ejus donec veniret verbum ejus. Eloquium Domini inflammavit eum. Misit rex, et solvit eum princeps populorum, et dimisit eum (Joseph fut vendu comme esclave. On soumit ses pieds à la honte des entraves, et le fer transperça son âme jusqu'à ce que vînt pour lui le temps de parler. Mais alors la parole de Dieu l'enflamma; le roi donna l'ordre de le délier; le prince des peuples lui rendit la liberté). Psaume CIV, 17, 18, 19, 20.

Et, pource que tous n'étaient pas également disposés, les uns en profitaient, et les autres rendaient ces soins inutiles par la continuation de leur malice; d'autres s'abattaient tout à fait sous la violence des supplices. La semence du laboureur de l'Évangile eut des effets semblables : les oiseaux mangèrent celle qui était tombée dans les chemins; celle qui fut jetée sur les pierres sécha faute d'humeur; les épines en suffoquèrent une autre partie; il n'y eut qu'un peu du reste qui fructifia, mais au double, pour compenser ces pertes.

Le temps multipliait leurs peines comme ses autres productions; chaque jour leur en présentait de nouvelles, jusques à ce qu'enfin elles se rendirent si cruelles et si pressantes, qu'ils assurent dans leurs lettres qu'il n'y a que les pères qui ont vu égorger leurs enfants devant eux, qui puissent comprendre combien elles étaient grandes. J'estime que ces peines procédaient de leur compassion pour la perte des âmes, qui arrivait malgré leurs soins, la charité les obligeant à cette tendresse pour les péchés et les maux d'autrui.

C'est dans ce sentiment que l'Apôtre protestait mourir à toutes les heures du jour, et ne voulait pas que ce discours fût pris pour une flatterie, ayant la satisfaction d'éprouver ce qu'il témoignait, savoir, que la part qu'il prenait aux intérêts des Juifs, ses parents, lui faisait désirer d'être considéré comme un objet d'exécration. Il eût volontiers consenti au retardement de sa gloire future, si, en vie, il eût pu avancer le salut du prochain, et il eût enduré la mort et les supplices, si son sang avait pu le procurer. Moïse avait passé plus outre, s'étant offert d'être effacé du livre de vie.

Ces Pères ajoutèrent que, de plus, ils étaient dans des angoisses continuelles, dont ils ne pouvaient expliquer les espèces; seulement ils assuraient qu'en vérité elles étaient intolérables à qui n'a établi son paradis en la croix du Sauveur. *Ainsi*, disaient-ils avec ce précieux vaisseau d'élection, *nous endurons des travaux jusques aux liens, comme malfaiteurs; mais la parole de Dieu n'est point liée*[1].

Sans mentir, cela est ravissant, qu'en cet état digne de pitié ils bénissaient Dieu avec tous les efforts de leurs cœurs, adorant ses jugements, pour se voir dans le feu des tribulations, comme avaient fait les trois jeunes enfants dans celui de la fournaise du roi de Babylone, souhaitant d'être purifiés (ce sont leurs paroles), afin de servir d'ornement au temple de Dieu.

Ils écrivirent en ce temps à plusieurs des Pères de leur province, pour les conjurer, les larmes aux yeux, de faire des prières pour eux, ainsi que l'on faisait dans la nouvelle Église pendant la captivité du prince des apôtres, saint Pierre, à ce que, par cette aide puissante, ils obtinssent de Dieu l'humilité, vertu nécessaire à ce glorieux effort. Ils recommandèrent aussi quelques jeunes plantes qu'ils avaient depuis peu élevées dans le jardin de l'Église, afin que les fleurs odoriférantes qu'elles poussaient déjà, en dépit de mille obstacles, pussent enfin produire des fruits dignes de la main divine qui leur avait donné l'accroissement. Vous diriez que c'est l'Apôtre qui recommande à Philémon de se souvenir

[1] II. Tim. II, 9.

en ses oraisons de son fils Onésime, qu'il avait engendré en ses liens, et que cette considération lui rendait sans doute encore plus cher.

Voici partie d'une lettre où vous verrez exprimée la ferveur séraphique de ces légitimes enfants de saint François, et le profit de ses exemples en l'amour de la croix. La suscription est : *Au Révérend Père Joseph de Paris, provincial des Pères Capucins de la province de Touraine, commissaire apostolique des missions étrangères.*

« Mon Révérend et Très Honoré Père en Notre-Seigneur,

» Si ce mot vous trouve retourné d'Italie, il vous dira comme nous sommes encore esclaves en Barbarie, attendant toujours Monsieur le Commandeur de Razilly pour consommer la paix de ces deux royaumes. Et vous dire les peines que nous y avons souffertes, le peu de sûreté qu'il y a d'envoyer des lettres hors ce royaume nous le défend. Vous pouvez seulement croire qu'elles ont été du tout extrêmes ; et, n'eussent été les assistances extraordinaires que vos prières nous ont obtenues de Notre-Seigneur, je ne crois pas que nos esprits les auraient pu supporter, eussent-ils été de marbre ou de bronze. Je ne parle pas de celles qui nous ont été infligées par les Maures, car, bien que celles-ci aient été prou grandes en soi, elles ont pourtant été douces comme du miel, au désir que Notre-Seigneur nous a donné de souffrir beaucoup pour la gloire de son nom. Je parle de celles qui nous sont venues de la part de quelques chrétiens ; et, de celles-ci, je vous puis assurer que la malice et les circonstances en sont si effroyables, qu'à grand'peine les pourrez-vous croire quand on vous les expliquera en particulier.

» Nous avons néanmoins digéré avec grand plaisir toutes ces amertumes, par la grâce de Dieu, avec cet avantage qu'il nous semble être désormais bien duits à toute sorte de combats; si ce n'est que notre ingratitude vers Dieu le contraigne de retirer son amoureuse main, qui nous a toujours soutenus. Au reste, notre prison, bien que très étroite, n'a pu empêcher le Soleil éternel de lancer par notre ministère, au travers des murailles, les rayons de ses divines vérités en quelques cœurs infidèles.

» Pour ce qui touche notre liberté ou notre servitude, ou même le moyen de vivre en celle-ci, cela nous est tout à fait indifférent, et votre amour paternel peut se consoler confidemment en la fermeté d'esprit qu'il plaît à la miséricorde divine nous donner parmi nos peines, qui, à la vérité, sont du genre des plus difficiles, soit pour l'esprit, soit pour le corps. Nous devons toutefois protester avec saint Paul, en reconnaissance des trésors de gloire et du vrai plaisir qu'elles nous ont apportés : *Mihi absit gloriari nisi in cruce Domini nostri Jesu Christi*[1]. Et, certes, il me semble que cette cordiale protestation ne doit être ennuyeuse à ceux qui n'aiment pas qu'on parle de la guerre sur un tapis, puisque nous la faisons au milieu des assauts et des batailles, etc. »

Cette lettre est datée « de Maroc, en notre prison bien-aimée, environ le mois d'août 1625. » Elle fut reçue; j'en ai rencontré la réponse, écrite à Paris le 10 novembre; c'est celle qui suit :

[1] Galates, VI, 14.

« Mes Vénérables et très chers Pères, humble salut en Notre-Seigneur,

» J'ai eu part de la lettre que vous avez écrite au Révérend Père Angélique, gardien d'Orléans. J'ai aussi reçu celles datées des mois de juillet et d'août passés. Je ne vous puis exprimer la joie que nous recevons tous de voir votre confiance, et la compassion que nous avons des peines que vous endurez, et principalement en l'objet des âmes faibles. Vous êtes maintenant en la vraie pratique de la vie apostolique, dont nous n'avons que les pensées. Je n'ai manqué, par toute la province, de faire prier Dieu pour vous, à quoi se joignent toutes les bonnes âmes de notre connaissance. »

Après les avoir assurés par paroles, et fait connaître son affection paternelle par les ordres qu'il a donnés pour leur soulagement :

« Je suis de retour de mon voyage de Rome, et me suis déchargé, à notre chapitre provincial, tenu depuis mon retour. Le Révérend Père Jérôme de La Flèche est maintenant en cette charge, tout plein d'affection pour la bonne œuvre à laquelle vous travaillez. J'ai parlé de vous au Pape, qui vous donne sa bénédiction, et a témoigné recevoir de la joie de votre voyage, avec beaucoup de désir d'apporter tout ce qu'il pourrait pour le contentement du roi de Maroc, selon les occasions. Sa Sainteté vous donne toutes les facultés dont vous pourriez avoir besoin pour toute sorte d'absolution des cas réservés au Saint-Siège; vous pourrez, en son nom, distribuer chacun mille indulgences de saint Charles; et, n'était qu'à même heure part le messager de Rouen, et que je crains de perdre l'occasion que cette lettre vous soit rendue, je vous enverrais la copie des facultés, ce que je ferai dans huit jours. Quant à Monsieur de Razilly, il meurt du désir de retourner vous voir, ce qu'il eût fait il y a longtemps si le roi ne l'eût employé malgré lui contre La Rochelle, qui depuis un an s'est révoltée de nouveau de son obéissance, et a fait une puissante armée navale. Depuis six semaines, ils ont perdu une bataille navale signalée, où commandait Monsieur l'Amiral, et où Monsieur le chevalier de Razilly et Monsieur de Launay, son frère, ont fait des merveilles. Ils seront bientôt à Paris, où je me tiendrai assidûment, pour faire que le roi donne contentement au roi de Maroc, qu'il lui eût déjà sans doute donné il y a longtemps, sans la grande occupation qu'il a eue, depuis votre partement, à soutenir de grandes guerres dedans et dehors son royaume. Le roi de Maroc, qui est un sage prince, peut bien considérer combien ces remuements publics donnent d'empêchement. Avec un peu de patience tout ira bien, et derechef je vous assure que je n'aurai aucun repos jusques à ce que cela soit; il est vrai que mon éloignement de France a un peu retardé cette affaire. Frère Rodolphe est dans l'île de Ré, et se porte fort bien, très désireux de retourner vous voir. C'est ce que je vous puis dire pour cette heure. Je ne manquerai désormais de vous écrire par toutes les occasions, comme je vous prie faire de votre part, et de vous souvenir de moi dans vos heureux et glorieux liens, qui pourront servir à l'honneur de Dieu peut-être plus que vous pensez, comme vous verrez par la suite, ou en ce monde, ou en l'autre, si Dieu vous y appelait entre ses plus chers amis. Vous vous ferez part l'un à l'autre de cette lettre, selon que vous trouverez. »

J'ai mis cette lettre au temps qu'elle fut écrite; nous exprimerons bientôt quand elle fut reçue. Elle n'arriva que l'année suivante, avec une autre datée de trois semaines après, et furent reçues ensemble avec la copie des pouvoirs qu'il leur avait obtenus. J'ai choisi cet ordre pour n'interrompre le temps, et dire les choses selon qu'elles sont arrivées, rangeant chacune dans sa place.

CHAPITRE IV.

Le Commandeur est employé par le roi au siège de La Rochelle. Nouvelles démarches du Père Joseph pour la reprise de l'expédition du Maroc; ses encouragements aux missionnaires. Ceux-ci lui exposent leur situation; désir du martyre. Éloges et sympathies émanés de la Sacrée Congrégation de la Propagande. (1625-1626).

La seconde lettre du Père Joseph est du 16 décembre de cet an (1625). La crainte que la première ne soit pas arrivée heureusement, l'oblige à réitérer ses mêmes soins, et il leur en donne les assurances par des effets. Il leur commande, par tout le pouvoir que son office et l'amitié lui donnent, qu'autant qu'il leur sera possible ils employent à leurs besoins le secours qu'il leur envoye, et que, pour servir Dieu et le prochain en cette occasion, ils ne se laissent pas accabler aux misères inséparables d'une captivité. Il répète les excuses du retardement de Monsieur le chevalier, encore actuellement dans l'emploi de commandant des vaisseaux devant La Rochelle, étant en grande considération, comme l'un des meilleurs et plus expérimentés hommes de mer qui fût en ce temps. Le roi avait lors en prêt les ramberges d'Angleterre, sur lesquelles était ce chevalier. Il redouble aussi comme le roi de Maroc peut trouver, par sa propre expérience dans les incommodités qu'il souffre par la révolte de ses sujets, des raisons pour servir d'excuse valable à ce retardement. Ces mouvements font diversion de tous les autres desseins, étant chose assurée qu'en cette occurrence on ne fait pas tout ce que l'on voudrait faire. Il ajoute :

« Et je m'assure que Sa Majesté aura du contentement de montrer sa générosité et bonté royale, à ne point surcharger de peines les sujets d'un grand roi qui peut lui témoigner de l'amitié en plusieurs occasions à l'avenir. Or, quant à moi, je suis maintenant libre de toute charge, et n'ai point d'autre plus grand pensement que de pourvoir, par toute sorte de moyens, à l'expédition de vos affaires, m'étant ici attaché exprès à la cour, près du roi, où nous avons quelque jour de trouver des deniers extraordinaires. Cependant, Monsieur de la Fosse-Besnard est ici, de la part de Monsieur de Razilly, pour m'aider à cette sollicitation ; et il est vrai que, si j'eusse été plus tôt libre, je crois que vos affaires eussent pris un meilleur train. Consolez vos pauvres compagnons captifs, soit ceux qui sont allés avec vous, ou ceux que vous y avez trouvés, lesquels je porte très écrits dans mon cœur, et n'épargnerai rien pour les secourir. Ceux qui auront été fidèles en Notre-Seigneur, auront une consolation indicible d'avoir souffert pour son amour. Outre l'attente des deniers du roi, nous ne laisserons de voir avec nos amis ce qui se pourra, et de vous faire tenir au moins de quoi vous substanter. Je ne doute pas que la fin de cette affaire ne soit bonne, ainsi que je vois les choses disposées; ce qui m'en déplait, c'est la longueur, que nous tâcherons d'abréger.

» Et vous, mes très chers Pères, je vous supplie cependant, pour ne point augmenter la peine que je souffre pour vous par la compassion de vos travaux, de vous soulager et conserver autant que vous pourrez. Vous ne savez pas ce que Dieu veut tirer de l'abîme où il semble qu'il vous ait mis; peut-être en ferez-vous sortir un trésor plus riche que l'on ne pense. Et quand le roi sera contenté, s'il juge à propos de tirer du service des nôtres, même pour le bien temporel de son royaume, par voie de commerce ou de service contre ses rebelles, il trouvera que nous sommes des gens fidèles et constants.

» Jetez cependant les yeux, et voyez ce qui se pourra faire de mieux pour le bien du pays où vous êtes, après que le nuage présent sera dissipé, et que le roi de Maroc sera satisfait. Vous avez rempli de pitié et d'une sainte émulation les cœurs de plusieurs de nos Pères, et n'y a aucun qui ne vous estime plus heureux qu'eux. Comme aussi je vois par vos lettres, et je lis dans vos âmes, que vous êtes éclairés et fortifiés par cette vérité, que *momentaneum et leve hoc tribulationis æternum gloriæ pondus operatur*, et que, *nisi granum frumenti mortuum fuerit, nullum fructum affert*[1]. Mais je n'entends pas seulement de la mort corporelle; celle qui pour maintenant est plus nécessaire à l'œuvre de Dieu est votre patience, je ne dirai pas à souffrir, ce que vous ne faites que trop, mais à ne vous impa-

[1] II. Corinthiens, IV, 17; S. Jean, XII, 24.

tienter pas dans l'ennui de cet exil. Sur quoi vous considérerez, s'il vous plaît, que votre captivité présente vous délivre de l'exil ordinaire où sont nos sens, quand ils s'attachent aux actions communes des hommes, et vous met dans les faubourgs de notre heureuse patrie, dont la croix est la grande porte. Ce que je crains le plus, est que l'incommodité de l'air et du pays n'avance vos jours. Je vous prie derechef, autant que vous m'aimez, d'apporter contre cela toutes sortes de remèdes, de prendre vos commodités, de ne vous laisser pas manquer en subvenant aux autres, et de vous réjouir en l'espoir du profit que produiront vos peines. Les apôtres et leurs disciples n'ont pas été courageux seulement à mépriser la mort, ce que savent faire toutes sortes de personnes, mais ils ont été fidèles à leur Maître, servant à ses desseins avec longanimité. Le grand saint Paul a été plusieurs fois, deux ou trois ans toujours, en prison, sans utilité apparente, et saint Athanase a passé la plus grande partie de sa vie dans les cavernes, et néanmoins aucuns ne les ont devancés au bonheur d'acquérir des âmes et convertir des peuples à Jésus-Christ. Je vous envoie seulement l'obédience et les facultés de Rome, qui sont fort amples. Le Pape vous envoie sa bénédiction, comme aussi notre Très Révérend Père Général. »

L'on voit, par ces lettres, le soin non seulement spirituel, mais aussi temporel, que prenait ce grand homme des religieux qu'il avait employés, comme supérieur et comme père. La suite de cette histoire fera avouer la ferveur excellente de ces deux nouveaux soldats de Jésus-Christ, puisque, pouvant légitimement se servir du petit secours qu'on leur envoyait à double titre de nécessité et d'obéissance, ils aimaient mieux s'en priver pour assister leur prochain : l'ardeur de leur zèle les rendait oublieux de leurs misères, et ne leur faisait voir que celles de leurs compagnons captifs.

J'ajoute encore à cette réflexion, que la lecture de ces lettres apprendra le sujet qui a engagé le Révérend Père Joseph à la cour, pour l'instruction de ceux qui ne le savent pas, et pour répondre à la malice des calomniateurs. Ainsi, j'ai eu dessein de suivre l'ordre que Dieu prescrit par un prophète, rendant jugement et justice pour délivrer de la main qui l'outrage celui qui est oppressé, mais sans y employer la force, comme Dieu le permet en ce rencontre, selon la pensée de ce prophète.

L'obédience et les facultés desquelles ces lettres font mention, ne se sont pas trouvées entre le peu de papiers qui ont resté des meubles de ces pauvres religieux, non plus que d'autres mémoires; ce n'est pas une petite merveille, que Dieu ait permis qu'il en soit venu quelque peu à notre connaissance.

Ces jeunes chevaliers de la table ronde, comme saint François qualifiait ses vrais enfants, ne respiraient que les souffrances, et passionnaient de signer leur créance avec la dernière goutte de leur sang. Dès qu'ils eurent commencé à le témoigner, ils continuèrent jusques à la mort d'en rendre des preuves; ils n'écrivaient jamais qu'avec ces sentiments. Chacun sait que l'on découvre plus librement ses pensées à un ami qu'à tout autre : je veux que l'on parle au supérieur avec une sincérité tout entière, néanmoins l'esprit est toujours partagé de respect et de crainte; mais, à un ami, on lui ouvre son cœur, comme les fleurs s'épanouissent au soleil; on n'a point de réserve, car, comme l'on est sans crainte, il y a aussi plus de franchise.

J'avance ce raisonnement, parce qu'encore que j'aie trouvé assez de preuves qui font connaître le désir extrême de souffrir qu'avaient ces Pères, par les lettres qu'ils envoyaient à leurs supérieurs, toutefois j'en ai rencontré une du Révérend Père Pierre, qu'il écrivait dans la confidence à l'un de ses plus intimes amis et anciens compagnons, qu'un même sentiment de zèle avait autrefois liés d'une amitié sainte : je me persuade que, par sa lecture, on verra mieux cette ardeur séraphique qui l'a consumé dans l'exercice de la charité. Elle a ce titre :

« *Desiderium animæ ejus tribuisti ei, Domine, et voluntate labiorum ejus non fraudasti eum; posuisti in capite ejus coronam de lapide pretioso*[1], *id est, omnibus angustiis.*

» Mon Vénérable et Très Honoré Père, humble salut en Notre-Seigneur.

» Cette occasion présente est si précipitée, que je ne puis lui faire violence pour l'arrêter, quoique je m'en évertue; si bien, que vous n'aurez maintenant que ce mot de votre fidèle ami. Joint aussi que les marchands français auxquels je fais tenir mes lettres pour la France, m'ont prié instamment de ne rien écrire qui puisse fâcher les Maures, de peur de les mettre en peine. Toutes nos lettres sont vues, disent-ils, avant que de sortir de Barbarie. Conten-

[1] Psaume xx, 3, 4.

tez-vous donc que je vous dise en deux paroles que, par la grâce de Notre-Seigneur, je suis esclave, et dans un pays d'où la sortie est plus difficile que d'aucune autre terre qui soit dans l'univers. Nous avons banqueté cent et cent fois avec la très haute pauvreté, notre bonne maîtresse. Certes, je ne m'étonne pas, si notre très doux Père saint François en était éperdument amoureux, car il est vrai que sa compagnie est si délectable, qu'il faudrait avoir perdu le sens pour ne lui donner son cœur. Il y a neuf mois qu'elle nous fait l'honneur de nous apprêter tous les jours notre couche à terre, avec tant de suavité, que les les roses et lis, qui jonchent les lits mollets des plus grands rois, nous seraient, en vérité, des épines mortelles. Quand ma nature me peut dérober quelque peu de temps pour se récréer, elle l'emploie à s'imaginer que peut-être quelque jour je vous dirai merveilles de cette belle et sacrée pauvreté. Si vous m'aimez, remerciez la bonté de Notre-Seigneur, qui a daigné soutenir notre esprit aux plus rudes et horribles assauts qui puissent arriver de la part des créatures, et le priez, quant et quant, qu'il ne retire son amoureuse main, car, sans elle, le bronze et le marbre plus durs se briseraient par les efforts de tant de puissants coups.

» Jusques ici, nous avons l'esprit aussi allègre que nous eûmes jamais. Je crois que cette allégresse procède des conjectures prudentes que je tire, que trois occasions, lesquelles je ne puis dire, me pourraient bien faire souffrir enfin le martyre tant désiré. Si mes larmes et mes désirs ardents, si mes soupirs continuels peuvent obtenir cette faveur des faveurs avant que de vous voir, souvenez-vous d'achever tout seul, au prix de vos intérêts, les desseins que nous avons conçus ensemble dans le cœur de Notre-Seigneur Jésus crucifié. Si j'étais au plus haut siège des Séraphins, il me semble que je demanderais hardiment à Dieu la faveur de retourner en terre, pour participer aux divins travaux qui accompagnent une si sainte entreprise : et je ne doute point que votre jugement ne sache très bien estimer combien est excellente la grâce par laquelle vous êtes appelé à l'accomplissement d'une œuvre si haute et si noble, œuvre qui ne vient jamais à ma pensée sans me tirer du fond du cœur abondance de larmes pleines de douceur et de regrets tout ensemble, que mes honteuses négligences, en la suite de ma première vocation, m'aient fait perdre la part que j'y prétendais. Non que je ne m'estime infiniment honoré par la miséricorde de Dieu, de ce que, me ravissant comme à vive force d'entre les supercheries du diable, elle m'a daigné transporter aux lieux, contre la pensée de beaucoup de gens, où je puis rencontrer l'occasion d'une précieuse mort pour notre bon Jésus. Mais je désirerais bien fort que ces deux faveurs fussent jointes, à savoir : voir l'esprit de notre doux Père au point que vous savez, et auquel nous avons tous deux juré de le mettre, et puis, au bout, mon sang répandu pour celui que j'aime mieux infiniment que ma vie. Que si celle-ci m'est donnée, vous pouvez espérer que je ne manquerai point d'offrir incessamment vos ferveurs à notre bon Dieu, à ce qu'il les allume de plus en plus jusques à un parfait embrasement; afin que, monté à l'avantage, comme un autre Élie, sur un char de flammes si divines, vous puissiez emporter avec vous vos petits frères dans le cœur de Jésus crucifié, où l'esprit de notre séraphique Père réside immuablement, comme dans son vrai centre.

» Au reste, je me fais honte à moi-même, quand je considère comme j'ose vous prêcher, lâche et perfide que je suis; mais que voulez-vous, c'est ma prison qui me donne cette liberté, avec la créance que votre bonté supportera doucement les défauts d'un pauvre esclave des Barbares pour l'amour de Jésus.

» Pour les nouvelles de ce pays, je n'oserais presque vous rien dire sur ce sujet, de peur que, vous racontant une conquête, miraculeuse entre les autres, que Notre-Seigneur a faite par ses indignes serviteurs, je n'en empêche l'entière consommation.

» L'on nous prépare les chaînes et les fers avec la faim, si Monsieur le chevalier de Razilly ne vient bientôt. Vienne tout l'enfer ensemble pour nous gêner; je ne crois pas que leur fureur soit plus forte que nos désirs de souffrir infiniment pour notre bon Jésus!

» Naguère, un jeune écolier de bon lieu, après avoir fait quelque batterie, se retira vers la Basse-Bretagne, d'où voulant passer en Espagne, il fut pris par les Turcs, près de la côte d'où il était parti, et amené en ces lieux. Il est très beau de corps et d'esprit; le roi le tient enfermé, avec défense à qui que ce soit de lui parler, sur peine de cinq cents coups de bâton, hormis les eunuques. Il y a sept ou huit mois qu'il souffre pour la foi. Je ne manque de courre tous les hasards pour encourager son esprit et substanter son pauvre petit corps. Il est fort proche parent de mademoiselle de La Troussanais de Vitré, et de tout plein d'autres conseillers de Rennes. Il a nom Guido Jacopin. Je le recommande instamment à vos prières. Il a très bien étudié; aussi est-il plein de courage en son martyre. J'espère que le roi le donnera à monsieur le chevalier, avec tous les Français, aussitôt qu'il sera de retour. »

Il finit cette lettre, comme saint Paul et les autres Apôtres presque toutes leurs Épitres, avec des recommandations pleines d'une sainte charité. Entre plusieurs qu'il nomme, il fait une spéciale mémoire du Révérend Père Joseph de Morlaix, qui pour lors était encore fort jeune religieux, avec plus de tendresse que les autres. Ainsi saint Paul envoyait son salut à Rufus, dont la piété était insigne entre les fidèles. Il semble que c'était comme un présage des merveilles présentes de ce grand homme. Enfin, il achève, comme saint Paul à Tite, disant qu'il salue tous ceux qui l'aiment, et qu'il leur envoie à tous son salut nommément. La suscription est : « Au Vénérable Père Joseph de Vitré, gardien des Capucins du couvent d'Angers. »

Je commence le narré de cette année (1626) par l'échantillon d'une pièce que l'on verra un jour étendue dans la vie du Révérend Père Joseph. C'est l'acte d'une soumission qu'il rend, comme un parfait obéissant, à ses supérieurs, étant très exact en l'acquit de ce devoir. Comme il y était fidèle, il la demandait aussi aux religieux quand il en avait charge. Je propose donc ceci en passant, et il le faut recevoir comme une fleur qui promet en la saison, comme une aurore qui fait espérer un soleil éclatant de lumière quand il sera temps.

Le Révérend Père Joseph était, comme j'ai dit, commissaire apostolique des missions étrangères. Comme bon fils et bon sujet, il était soigneux de rendre compte de sa commission aux Éminentissimes Cardinaux de la Sacrée Congrégation pour l'étendue de la foi. Il leur donna avis de sa mission au Maroc, ainsi qu'il se remarque par une lettre de cette Congrégation, de Rome, le 28 janvier, écrite au Révérend Père par l'ordre de la susdite Congrégation. Elle est en italien; je la donne en français. La suscription est : « Au Révérend Père F. Joseph de Paris, prédicateur capucin. »

« Révérend Père. On a lu, en la Sacrée Congrégation pour l'étendue de la foi, la relation des missions que Votre Révérence a envoyée au secrétaire de ladite Congrégation, laquelle a été fort agréable, et a excité aux seigneurs Cardinaux d'icelle une vive espérance que cette mission produira de grands biens dans son progrès, par la diligence et le soin qu'elle en prendra, principalement à présent qu'elle est libérée de la charge de provincial, et qu'elle aura un égard particulier de n'envoyer point de missionnaires qui ne soient choisis, et personnes qui aient le vrai esprit apostolique, avec la simplicité et la prudence que Jésus-Christ Notre-Seigneur recherche en semblables ouvriers. La Sacrée Congrégation attendra de temps en temps d'apprendre de bonnes nouvelles de la conversion de plusieurs âmes, et ce qui succédera des missions de Constantinople et de Maroc, que la Congrégation a grandement à cœur, ayant conçu, par les avis des deux Capucins esclaves à Maroc, qu'il y a grande espérance de profit en ces Mahométans, encore qu'ils soient fermes en leur fausse créance.

Notre-Seigneur vous donne sa sainte grâce ; et me recommande à Votre Révérence. De Rome, le 28 janvier 1626.

« Le cardinal Ludovisio.

« François Ingoly, secrétaire. »

CHAPITRE V.

Une lettre du Commandeur console les captifs. L'Empereur reconnait la sincérité de cet officier, et fait remettre ses dépêches aux destinataires. Peu après, il redouble de fureur contre les captifs, et ses mauvais traitements en font périr plus de six cents. Constance des missionnaires. Conversion de plusieurs hérétiques. (1626).

Par cette lettre, on est assuré que le Révérend Père Joseph travaillait à même temps aux missions d'Orient, de l'Asie et de l'Afrique, et que la Congrégation approuvait ses travaux, puisque c'était par ses ordres; mais, pour reprendre notre histoire :

Dans la morale, comme dans la nature, les contraires s'entresuivent par une vicissitude continue. Après que ces bons Pères eurent presque passé deux années dans leur captivité sans entendre des nouvelles de France, enfin les ténèbres et l'orage passent, le jour et le calme succédèrent à leur tour; ils reçurent des lettres du sieur commandeur de Razilly. C'est chose inutile d'exprimer la joie qui dilata les cœurs de tous les Français, quand ils virent la fin de leur attente, et que de plus ils apprirent que les affaires dont la France était travaillée retardaient, non pas la sollicitation de leur liberté, mais l'effet.

Le peu de commerce que nous avions en ce pays empêcha leur contentement, car ces lettres ne furent rendues qu'en cette année, quoiqu'elles eussent été écrites dès l'an passé, une en juillet, et l'autre en décembre.

Je n'ai trouvé, de ces lettres, sinon le témoignage d'une générosité excellente que je dois publier à la gloire d'un si brave chevalier. Il assure qu'il ne perd aucun moment sans solliciter l'affaire pour laquelle il est retourné, et qu'il ne cessera jusques à l'avoir achevée; que si par malheur elle ne lui réussit pas, il est résolu de retourner à Maroc, se rendre prisonnier au roi, pour acheter la liberté de tant de gentilshommes et de ceux de son équipage, comme un autre saint Paulin, par son esclavage.

Il ne faut pas douter que tout ce monde ne reçût cette résolution généreuse pour une preuve certaine d'une amitié sincère; ce qui servit à fortifier leur patience pour attendre le succès, aussi bien que la somme d'argent qu'il leur envoya pour leurs nécessités.

En ce temps (1626), le roi de Maroc eut avis d'une trahison que des Français ménageaient contre son État. Les auteurs furent arrêtés et condamnés : Saint-Amour, qui en était un, eut la tête tranchée, le 25 juin. On n'en dit pas positivement la cause, sinon que c'était pour les affaires d'un certain Saint-Maudriès, qui avait aussi été exécuté le 14 avril, et qu'ils avaient traité avec l'Espagnol la perte de la Barbarie; et celui-ci accusa Saint-Amour d'avoir amené Monsieur le Commandeur en ses côtés-là pour surprendre Saffi.

Ce soupçon rendit le roi soigneux de faire épier

les actions des Français, de sorte que tout ce qu'on leur envoyait était visité. Cette défiance, qui est mère de la sûreté, servit utilement à vérifier l'innocence du chevalier de Razilly, car le roi, lisant dans ces lettres susdites la peine assidue qu'il prenait pour avancer les moyens du traité de paix entre les deux couronnes, les difficultés puissantes qui ne se pouvaient pas si tôt vaincre, et surtout la franchise de ce chevalier et sa résolution courageuse, il perdit aussitôt la mauvaise impression de ce rapport, et conçut une haute opinion de sa probité; et protesta qu'à son retour il lui donnerait avis de tout ce que Saint-Maudriès avait fait contre lui. Après une calomnie si extrême, il laissa cette satisfaction aux chrétiens, de mourir avec constance, et refuser, en mourant, d'adorer Mahomet.

Dans la dépêche de Monsieur le Chevalier, le roi trouva ces deux lettres précédentes du Révérend Père Joseph qui, comme vous avez lu, animait ces deux religieux aux souffrances avec des paroles de feu et des tendresses de père, et les assurait de la part qu'il prenait en leurs afflictions, le soin qu'il employait pour avancer leur délivrance, et comme on s'empressait à trouver les moyens assurés d'un accommodement des deux royaumes : ce qui satisfit le roi et l'adoucit, de sorte qu'il fit rendre à ces Pères leurs dépêches avec tout ce qu'on leur envoyait. Ils reçurent alors les pouvoirs que le Saint-Père leur accordait à la requête du Révérend Père Joseph, avec plusieurs indulgences, qui sont les riches trésors de l'Église, pour les enrichir et les distribuer aux chrétiens esclaves, et la bénédiction apostolique : ce que lisant, à l'exemple de leur Père saint François, ils se mirent à genoux, afin de la recevoir avec plus de respect.

Comme un feu attire l'autre, tant de braises firent sortir les flammes des cœurs de ces nouveaux apôtres, que les eaux de leurs afflictions ne pouvaient éteindre, que les murs d'une prison ne pouvaient retenir. Ils en envoyèrent l'image, au naïf, dans une lettre au Révérend Père Joseph, pour réponse aux siennes, et lui rendre compte fidèle du talent qu'il leur avait commis, et de l'état où se trouvait lors cette nouvelle entreprise.

Ce serait grossir cette Histoire à l'excès, qui transcrirait toutes leurs lettres; je pense qu'il suffit d'en extraire ce qui peut servir à notre dessein. Ils assurèrent d'être en une santé parfaite, ce qui n'est pas une petite merveille, car ils manquaient de nourriture, le roi ayant retranché un peu de viande, qu'il leur avait ordonnée, qu'à grand'peine pouvaient-ils avoir, et les réduisit au point du reste des captifs, auxquels il ôta le pain, tant à cause de son mécontentement qu'à raison de la famine, qui fut extrême cette année dans Maroc. De sorte que, la peste se joignant à la famine, au désespoir et à d'autres misères que l'on doit croire en des chrétiens captifs entre les ennemis publics de leur profession, il mourut plus de six cents esclaves chrétiens.

Ce qui devait faire mourir ces bons Pères était l'infection de tant de cadavres : il semblait que cette prison fût changée en un charnier, où les corps étaient entassés en si grand nombre. Toutefois, Dieu les conserva sains parmi ces puanteurs, et leur donna assez de force pour rendre aux chrétiens qui restaient l'assistance spirituelle qui leur était nécessaire dans ces extrémités. Ils en eussent fait davantage, si la liberté d'aller partout chercher les occasions pour l'emploi de leur zèle, leur eût été permise.

Si les morts causaient de la peine, ceux qui restaient semblaient n'avoir de vie que pour croître l'affliction de ces Pères, ou plutôt pour la rendre plus sensible par une nouvelle invention. Car ces pauvres captifs, pour la plupart, étaient si languissants, qu'ils ne pouvaient marcher sans aide, et ne sortaient de leurs cachots que pour chercher du pain : ceux qui le pouvaient cherchaient les restes des autres, qui n'avaient assez de force pour manger. Lisant ce narré pitoyable, je me suis souvenu d'une plainte pareille qu'avait faite un prophète, en la considération des misères futures de son peuple, qui devait gémir et demander du pain : il devait donner tout ce qu'il avait de plus précieux, pour avoir de quoi manger, tant la faim le devait presser.

En effet, les gentilshommes de Monsieur le chevalier vendirent peu après ce qui leur resta, jusques à ne se réserver que ce dont ils ne se pouvaient absolument priver, pour n'être nus; et puis, ils furent contraints de faire comme les autres.

Je laisse à penser, entre tant de misères, quels repas délicieux faisaient ces pauvres Pères. Certes, cela est digne d'admiration, que celui qui donne la pâture aux animaux et aux poussins des corbeaux qui l'invoquent, ne leur manqua jamais : sa Providence eut toujours la main ouverte pour eux, jusque là même qu'ils aidaient ceux qui étaient plus avant dans le besoin, et ne retenaient de pain que le moins qu'ils pouvaient, afin d'en avoir de reste pour le donner. Ainsi se retranchaient-ils la libéralité de Dieu, pour en faire leurs largesses, comme le conseillait un prophète, disant : *Partagez votre pain avec l'affamé*[1]. C'est ce que le bon Tobie a enseigné à son fils, après l'avoir pratiqué. Il ne mangea de pain qu'en la compagnie de ceux qui avaient faim, et qui étaient dans la nécessité; et, pour la mesure de ce partage, il ne lui en donna d'autre, sinon que, s'il en avait beaucoup, il en donnât avec abondance; si peu, il considérât aussi d'en donner un peu, et que ce fût d'une volonté franche.

Voici ce qu'en ce temps ils mandèrent au Révérend Père Joseph :

« Jusques ici, la Providence extraordinaire de Dieu nous a servi de nourrice très soigneuse, au grand étonnement de ceux qui n'ont pas sacrifié leurs volontés et tout leur être à Notre-Seigneur. Notre pauvre chambre a été comme une fontaine de bénédiction, où la divine Sagesse a voulu que tous nos Messieurs vinssent puiser le secours à leurs nécessités : cela a confondu leur vanité plus qu'on ne saurait penser. Je serais trop long de vous raconter par le menu les merveilleuses circonstances du secours divin en notre endroit. Enfin, cela veut dire que Dieu nous a voulu prouver, par des effets du tout prodigieux, que les divins oracles, par lesquels il nous a excités tant de fois de lui remettre tous nos soins, sont plus que très

[1] Isaïe, LVIII, 7.

véritables. Cela me fait aimer ma glorieuse vocation plus que jamais. »

Cet aveu montre assez combien ces bons Pères avaient l'esprit content dans leurs souffrances, et que, à l'imitation du grand saint Paul, ils avaient fait un défi public à la nature, pour éprouver leur courage par tout ce qu'elle a de plus horrible. Et, de vrai, ils expérimentaient toutes sortes d'afflictions au corps, et à l'esprit des angoisses, la faim, la nudité, et le reste des maux inséparables d'une captivité barbare.

Après tout, leur charité était plus ardente, puisque le désir de pâtir croissait dans les souffrances, non que l'habitude les leur rendît moins sensibles puisqu'elles multiplaient tous les jours, mais c'est que la pratique animait leurs courages. Voici la peinture naïve de leur résolution, comme eux-mêmes l'ont représentée au Révérend Père Joseph :

« Si cette affaire se retardait encore, fasse Notre-Seigneur ce qu'il lui plaira : sa volonté est notre paradis! Il nous a fait cette grâce, de nous faire comprendre, selon notre petite capacité, les excellences de sa croix amoureuse. Dieu merci, nous nous trouvons si glorieux d'y être attachés, que nous ne redoutons point l'impatience d'un trop long attachement, et, bien que notre faiblesse extrême nous doive donner une crainte continuelle de tomber en ce défaut, nous ne laissons pas de nous tenir comme assurés de ce côté-là, sur l'espérance que nous avons, que la bonté de Notre-Seigneur ne nous ôtera pas la connaissance expérimentale du bonheur des âmes vraiment crucifiées. »

Et plus bas :

« Nous demeurerons pleins de contentement dans notre prison obscure, jusques au jour du jugement, s'il veut. Certes, il nous fait trop d'honneur de nous faire participer à ses peines; nous serions bien ingrats de ne nous ressentir pas d'une faveur si chère. »

De faire des réflexions sur la vérité d'un désir si passionné de souffrir, ce n'est ni le lieu, ni mon dessein, qui n'est autre que de donner une narration naïve et véritable de ce qui s'est passé. Cela est ravissant, que cette passion en eux était si extrême, qu'ils consolaient le Révérend Père Joseph, le conjurant de ne ressentir pas leurs peines, et lui protestant que la créance qu'ils ont de sa tendresse pour eux, les afflige plus cruellement que leurs misères. Je vous assure que ce grand Père ne pouvait retenir les transports de joie qui le pressaient, quand il pensait au zèle de ces jeunes soldats de Jésus-Christ, et qu'il les considérait porter la croix après lui avec tant de hardiesse. Combien de fois leur a-t-il mandé, comme l'Apôtre aux chrétiens de Philippes : *Mes très aimables et très désirables frères, vous êtes ma couronne et le sujet de ma joie; ayez-la toujours devant les yeux, et persévérez constamment, comme vous avez fait jusques ici, dans la profession sincère de l'Évangile!* Et combien a-t-il rendu grâces à Dieu, de ce qu'il lui avait fait faire un choix si heureux en ces vaillants soldats du crucifié.

En vérité, leur charité était si ardente, qu'ils écrivirent en ce temps à Constantinople, à leurs compagnons Capucins, que le Révérend Père Joseph avait envoyés en mission, afin de s'entre-animer aux souffrances, de nourrir entre eux la sainte charité qui brûlait leurs cœurs pour un même dessein, sous la conduite d'un même supérieur et les soins bien tendres d'un même père.

La captivité choque si fort la nature, que le temps, qui est le remède universel à tous les maux imaginables, au lieu d'en adoucir la peine, ne fait que l'irriter. Elle traîne avec soi tant de misères, qu'enfin l'accessoire ne se rend pas moins insupportable que le principal : ce que l'on peut vérifier par l'exemple de celle-ci, où les maux se multipliaient tous les jours, jusques à cet excès, que ces deux Pères avaient perdu espérance, aussi bien que les autres esclaves, d'aucun soulagement, et ne considéraient plus que croix à venir, comme disait le grand saint Paul, que le Saint-Esprit avertissait de ville en ville que les liens et les tribulations l'attendaient en Jérusalem. Celles qu'ils ressentaient les disposaient aux futures.

La misère était lors universelle dans la Barbarie, aussi bien pour les naturels du pays que pour les étrangers, ce qui les jetait dans un accablement extrême, sans aucune consolation présente, ni espoir de future. La faim, la soif, la nudité, les battures, les chaînes, les maladies, enfin toutes sortes de misères, jusques à la mort, étaient leurs viandes. Les Français y pâtissaient plus qu'on ne saurait penser : leur nombre, aussi bien que celui de leurs peines, passait au double celui des autres nations ensemble qui y étaient captifs.

Pour ces Pères, ils étaient plus affligés de les voir tant souffrir de misères sans leur aider en les consolant, parce qu'ils n'avaient point de remède à ces maux; et ils étaient si resserrés, que difficilement on leur permettait de sortir une fois en trois mois, pour les visiter un jour; et, dans le petit espace qu'on leur accordait, il ne leur était pas possible de faire grand fruit : le salut des âmes ne se ménage pas en si peu de temps. Le Fils de Dieu employa trente et trois ans au rachat de tout le monde, pour nous apprendre quelle peine il faut endurer, quel soin employer pour un si grand ouvrage, que Dieu n'achéve qu'avec beaucoup de temps, où il va de l'Éternité; outre qu'ils en avaient proche d'eux qu'il fallait cultiver. Mais leur charité était si ardente, qu'ils souhaitaient de la pouvoir étendre partout. A l'exemple de leur maitre, ils ne pouvaient laisser ce feu sacré sans action; partout ils le voulaient allumer, afin qu'il éclairât et brûlât.

Dieu donna sa bénédiction sur la fidélité de leur besogne, par la conversion de plusieurs hérétiques en cette année (1626). Ils en ébranlèrent encore plusieurs qu'il eût été besoin de voir souvent, afin de les fortifier en leur nouveau dessein, et aider à croître leur connaissance. Un maitre doit souvent faire répéter la leçon à l'écolier pour le rendre savant, et le jardinier cultiver une jeune plante avec plus de soin qu'un vieil arbre qui a pris racine de longtemps; l'artisan n'achève son ouvrage qu'après plusieurs reprises; le soleil multiplie ses influences pour faire une production : ainsi avaient-ils besoin de plusieurs conférences pour mettre la dernière main à leurs ébauches; mais ils ne pouvaient vaincre la barbarie de leurs concierges, et, même pour en obtenir ce qu'ils avaient, il était nécessaire qu'ils employassent le crédit de leurs amis. Hé! combien de fois ces bons Pères ont-ils dit, voyant leur zèle prisonnier avec leurs corps : *Nous avons à être lavés d'un baptême, comment sommes-nous pressés jusques à ce qu'il soit achevé*[1] *!* »

[1] S. Luc, XII, 50.

CHAPITRE VI.

Impatience de l'empereur de Maroc au sujet du silence du roi de France. Immenses destructions de navires et d'hommes de mer chrétiens. Désespoir des survivants; quelques-uns se mettent au service des corsaires. Joie du Père Pierre à la pensée d'une vocation qui le conduit au martyre. Lettre du Père Joseph aux missionnaires; ses démarches pour la reprise de l'expédition (1626).

Le roi, en ce temps-là, était vers Saffi, pour remédier à la rébellion de quelques-uns de ses sujets. Cette affaire, quoique fâcheuse, ne lui ôta pas le souvenir de Monsieur le Commandeur; il témoignait souvent être fort piqué de son retardement. La peine qu'il prenait à remettre ses rebelles dans leur devoir, ne lui faisait point penser à celle que le roi de France avait de ranger les siens : c'était une preuve de son désir. Ce qui lui donnait sujet d'une plus grande plainte, était de n'avoir reçu aucune lettre de sa part pour lui en faire agréer le sujet. De là, on jugeait que son retour lui eût été agréable, et qu'il l'eût reçu avec satisfaction, aussi bien que ses sujets, qui en témoignaient publiquement de l'impatience, pressés de leur intérêt. Le commerce y était perdu depuis la prise des Français; il n'y avait pas même un seul marchand dans la ville de Maroc, et, dans cette côte, il restait seulement à Saffi un Anglais.

Cette raison, qui regarde l'intérêt du pays, leur faisait souhaiter le retour de Monsieur le chevalier, pour traiter l'alliance des deux États; et les Français en avaient d'autres qui les obligeaient à la solliciter, sans parler de la charité chrétienne, qui eût rendu considérable au roi de France la perte d'un grand nombre de ses sujets, pour les mauvais services que ses ambassadeurs avaient rendus en ce pays-là. Son propre intérêt le devait exciter à donner remède à ces malheurs, qui coûtèrent à ces côtes, en deux ans seulement, plus de deux millions, tant il y avait de vaisseaux pris, brûlés, échoués; sans parler du principal, qui est la perte de plus de deux mille hommes de mer, qui furent faits captifs par les Maures ou Turcs; desquels la moitié mourut d'ennui, de faim, de peste, ou par la violence du fer, du feu et d'autres tourments. Il n'en restait de vivants qu'environ douze cents esclaves français.

Et, à la vérité, ce n'étaient là que roses, si ce dont les menaces éclataient eût réussi, ce qui était extrêmement à craindre; car le désespoir des pilotes fut réduit à ce point, que, se voyant ainsi abandonnés à la merci de ces barbares, et que leurs désastres ne touchaient les cœurs en France, plusieurs prirent résolution d'instruire les ennemis et leur donner les moyens de faire des maux incroyables à leur patrie, dans l'espoir de quelque soulagement. Comme la faim a contraint les hommes de s'entre-manger, et la mère de se nourrir de la chair de son enfant, ainsi la rage emporte les hommes au delà des devoirs de la nature. Pour preuve que leurs menaces ne finiraient pas avec leurs paroles, effectivement ils les menèrent aux Terres-Neuves, sur les grands bancs, où ils firent des ravages si étranges, que, du Hâvre-de-Grâce seul, ils amenèrent ou coulèrent à fond plus de quarante vaisseaux qui allaient au poisson, et ce dans l'espace de deux ans. Il en fut aussi pris des autres villes maritimes, dont le nombre n'est pas aisé à dire. Les côtes du Ponent étaient dégarnies de matelots ; les rénégats y étaient communs, dont les jeunes servaient à des mauvais usages, desquels je dis, avec l'Apôtre, que ces crimes abominables, qu'ils commettent en cachette, ne se peuvent exprimer sans rougir.

On avait tout sujet de douter qu'ils ne passassent entre les terres, c'est-à-dire sur la mer Méditerranée, pour en tirer les peuples entiers, et les emmener en triomphe dans le plus cruel de tous les royaumes de l'univers, comme l'assurent ces bons Pères. Il faut avouer que, comme les maux qui nous touchent nous sont d'autant plus sensibles qu'ils nous pressent, aussi nous ne formons pas de plaintes de ceux qui sont éloignés, et ne s'empresse-t-on guère pour leur soulagement. Je ne sais si j'oserai dire que la Providence divine permettait tous ces malheurs, en punition du peu de sentiment de la France pour la captivité de plusieurs vieux esclaves qui, depuis treize ans et plus, avaient souffert des peines qui ne sont croyables qu'à ceux qui les ont senties ou vues.

Quant aux deux Pères, si en effet ils n'ont pas autant enduré de misères que quelques-uns des captifs, néanmoins ils en souffraient jusques à l'excès, mais avec grand plaisir. De la sorte, ils écrivaient que toujours pâtir et toujours se réjouir en leurs souffrances étaient leurs continuels exercices, pour l'amour de Celui auquel ils avaient sacrifié leurs intérêts, attendant que sa providence leur fît recueillir les fruits de leurs travaux. J'avoue que je ne puis voir qu'avec ravissement les flammes ardentes qui sortaient de ces cœurs embrasés de la charité divine : elles sont exprimées si au naïf dans leurs lettres, qu'elles tirent des yeux les larmes d'une sainte dévotion en les lisant. On n'y trouve que des désirs passionnés de souffrir davantage, qu'un mépris public de toutes les rigueurs les plus barbares, qu'offrandes réitérées de leur sang jusques à la dernière goutte pour immoler leur vie en sacrifice à la gloire de Dieu sur l'autel de la croix, et rendre ainsi à Jésus-Christ la plus forte preuve de leur charité. Leur courage y paraît si généreux, et leur offrande y est si sincère, qu'ils la font pour les siècles entiers et pour l'éternité, protestant de n'avoir autre paradis, sinon d'être employés aux intérêts de la gloire de Dieu et au salut des âmes qu'il a tant aimées. Il n'y a lieu si éloigné ou si caché, où ils ne passionnent d'aller, pour être, comme saint Paul, des vaisseaux choisis à porter la gloire du nom de leur cher Maître.

Comme la profession d'une même règle avait rendu frères ces deux excellents religieux, l'uniformité de leur zèle les avait fait compagnons de travaux et de souffrances. C'est pourquoi je ne les sépare point, et, sans mentir, il ne serait pas juste que je divisasse ce que Dieu avait si fortement uni par les plus serrés liens que peut produire une charité sans feinte. Néanmoins, pour cette fois, je dirai du Révérend Père Pierre une chose qui le regarde seul. On lira sa conversion du tout extraordinaire dans la vie du Révérend Père Joseph, lorsque, étant provincial, il faisait sa visite au couvent d'Alençon, en l'année 1613 : d'où vient qu'il ne se faut pas étonner si, après une vocation qui tient beaucoup du miracle, comme l'on verra, il marche si heureusement selon le dessein de Dieu qui l'a appelé. C'est que la lumière divine lui faisait voir l'exemple de Jésus, qui est le premier apôtre et le souverain prêtre de sa confession. J'ai rencontré dans une de ses lettres, qu'il écrivit cette année (1626) au Révérend Père Joseph, un effort de son ressentiment :

« Je serais, dit-il, trop ingrat, si je n'offrais mille vœux et autant de prières à la divine bonté, pour l'entière félicité de ceux dont la sagesse et la sainteté lui ont servi de canaux pour verser sur mon très indigne chef des grâces si rares et si sublimes. C'est de vous que je parle, mon très cher Père, vous assurant, avec une sincérité entière, que je ne puis contenir mes larmes quand je pense à la divine hardiesse avec laquelle vous m'avez enlevé, en dépit de moi, des prisons de Satan, pour me mettre, contre tous mes sentiments, dans le paradis de la religion séraphique. Je ne puis, dis-je, m'empêcher de pleurer, quand je pense à l'exacte et charitable prudence avec laquelle vous avez démêlé tant de diverses et cruelles supercheries que le diable m'avait dressées tout le long d'un grand nombre d'années, pour empêcher l'effet de ma vocation, laquelle je vous recommande autant que je puis, sachant bien que je porte un trésor très précieux en un vaisseau bien fragile. S'il plaît à Notre-Seigneur nous honorer du martyre avant que vous voir, ce sera alors que vous témoignerez devant Dieu combien la révérence et l'amour filial, que je vous ai toujours portés par affection et par devoir, ont été véritables. Ne vous lassez point, s'il vous plait, de faire prier pour nous. »

En ce temps-là, il se trouva entre les esclaves le fils de monsieur Edeline, conseiller au Châtelet, dont ces Pères donnèrent avis, afin qu'on envoyât de quoi le soulager entre les extrêmes misères de sa captivité.

Le Révérend Père Joseph était à la cour, qui travaillait efficacement à ses missions, tant à celle de Constantinople pour son établissement, qu'à celle de Maroc pour la liberté de ses enfants et des autres chrétiens esclaves. Voici ce qu'il leur écrivit le 29 novembre de cette année (1626) :

« Mes très intimes amis et très chers compagnons en l'œuvre de Notre-Seigneur,

» Je ne vous puis exprimer la consolation que reçoivent notre Très Révérend Père Général, et plusieurs de nos provinces, de voir votre courage et votre fermeté. Vous croyez que je ne veux pas vous donner de la vanité; mais il est vrai que tous vous estiment heureux des grâces que Dieu vous fait, de vous conserver le corps et l'esprit avec tant de vigueur. Je le tiens pour un miracle de sa providence, et le supplie qu'il en tire le fruit que ce commencement promet. Or, pour venir au point de vos affaires, je vous dirai que j'ai été longtemps grièvement malade, et que, depuis mes dernières lettres, les troubles du royaume se sont accrus. Monsieur le chevalier de Razilly et moi, n'avons cessé de solliciter, et, nonobstant toutes ces difficultés, nous avons obtenu du roi la somme promise par Monsieur le chevalier de Razilly au roi de Maroc. Je vous assure, en vérité, que l'affaire est en ces termes; que le roi en a déjà fait et approuvé le don, pour les pauvres captifs, en son conseil d'État, lequel don est aussi approuvé et vérifié au conseil des finances. Cela étant, la chose est assurée, et ce qui reste maintenant à faire, est de lever les deniers et retirer les assignations. De bonheur, le surintendant est grandement de mes amis, généreux et pieux; le contrôleur ne l'est pas moins; ainsi, toutes choses concourent assez bien. Sans ma maladie, au lieu de cette lettre vous auriez votre argent. Or, maintenant, je ne perdrai aucun temps pour votre commune délivrance. Monsieur le chevalier, toujours occupé et commandé par le roi, a été employé pour son service en tous ces remuements, et, outre qu'il n'a pu, étant retenu par Sa Majesté pour les raisons susdites, il n'a pas jugé utile d'aller, les mains vides, trouver le roi de Maroc, qu'il aime et honore parfaitement. Une difficulté a retenu longtemps Messieurs du Conseil du roi, considérant qu'il n'était de sa dignité de payer cette somme comme pour rançon, et que cela ne doit être entre deux grands rois où la courtoisie mutuelle doit avoir lieu. Aussi Sa Majesté ne prétend pas que le roi de Maroc reçoive cette somme, que comme un témoignage d'amitié singulière, que désormais elle veut lui porter. L'on est ici très marri des sujets des mécontentements que le roi de Maroc a reçus des méchants et infidèles Français, indignes de ce nom; mais, quand toutes choses seront pacifiées, notre roi est disposé à témoigner tant de bienveillance et rendre de si bons effets, aux occasions, au roi de Maroc, qu'il aura sujet de se louer de la générosité et fidélité des Français, entre lesquels monsieur de Razilly a une passion si extrême de servir le roi de Maroc, et le peut faire si utilement en ses guerres civiles, que sans doute le malin esprit y a apporté les mauvaises rencontres que vous y avez éprouvées. Si Dieu vous laisse la vie, vous pourrez vous expliquer plus au long au roi de Maroc sur ce sujet et plusieurs autres plus importants à son service. Il est vrai que moi-même, vous envoyant vers ce roi, renommé pour plusieurs grandes parties que l'on dit être en lui, je me suis senti touché d'un mouvement fort particulier de le servir, et vous savez que sans cela je ne vous eusse pas envoyés au milieu de tant de hasards, vous aimant chèrement comme je fais. Enfin, s'il plait à Dieu vous conserver la santé, et la bénignité du roi d'y concourir, je me promets qu'il en arrivera du bien. Vous assurerez ces Messieurs qui sont avec vous, et les autres pauvres captifs Français, de la bonne affection qu'a notre roi de les aider, et les conjurerez de se consoler et fortifier en l'espoir de Dieu et de leurs amis. Vous leur pouvez remontrer combien ils seront consolés, retournant dans leur pays, d'avoir montré de la constance, et combien cela les rendra dignes d'honneur, et d'être employés en de bonnes occasions, chacun selon sa condition. Le roi prépare un grand armement de mer, pour empêcher que les Rochellois ne fassent tant les mauvais, pour tenir ses côtes libres de corsaires, et pour aider au besoin de ses amis au loin, et aussi pour rendre le commerce de ses sujets plus libre.

» Quant à vous, mes chers Pères, ce serait en vain de vous représenter par mes paroles le bonheur des souffrances, puisque vous les pratiquez par des effets si signalés. Je vous dirai seulement que j'admire et adore la bonté de Dieu de ce qu'il lui a plu vous conduire au milieu de ces pauvres âmes affligées et délaissées, pour y exercer vraiment les actions des apôtres et des premiers chrétiens. Vous savez que la persévérance emporte la couronne, et qu'il la faut toujours demander à Dieu avec humilité. Et, de ma part, dirai avec l'Apôtre, que je serai toujours suppliant notre Seigneur, *ut qui bonum opus cœpit in vobis, ipse perficiat*[1]. Je ne vous envoie point de livres, puisque je crois que vous serez bientôt rachetés. Que si, après cela, le roi de Maroc trouve bon que vous demeuriez en son pays pour le servir, pour faire voir la différence qu'il y a de votre genre de vie, et de votre sincérité et simplicité avec les Santons, souvent rebelles à sa Majesté, contre la loi de Dieu et le droit commun, alors je vous enverrai tout ce dont vous aurez besoin. »

Voilà une partie de l'emploi du R. P. Joseph à la cour. Que l'on demande maintenant ce qu'il y faisait! Le reste se verra en d'autres occasions.

Je ne sais pas positivement le temps que les Pères reçurent cette lettre; mais je conjecture qu'elle fut reçue l'année suivante, peu avant l'arrivée de Frère Rodolphe, capucin qui y fut renvoyé, comme nous dirons ci-après. Il ne faut pas douter qu'elle causa une consolation en tous ces pauvres affligés. Qui peut dire ce qu'elle opéra en ces deux serviteurs de Dieu! Je le laisse à penser.

[1] Philippiens, I, 6.

CHAPITRE VII.

Le Père Joseph renvoie au Maroc le Frère Rodolphe, et donne aux Pères captifs des nouvelles de nos diverses missions. Il leur annonce de prochaines démarches pour leur délivrance. Les Pères protestent ne vouloir jouir seuls de la liberté. Quelques traits de bienveillance de l'Empereur leur font espérer que tous les captifs pourront être délivrés à la suite d'un traité entre ce prince et le roi de France. (1627).

Les maux que nous ressentons en ce monde ne sont jamais si extrêmes, qu'ils ne nous laissent quelque moment libre pour prendre un peu de répit. C'est comme une surséance d'armes entre deux combattants, pour rentrer dans la lice avec plus de vigueur. Le Révérend Père Joseph ressentait l'esclavage de ces Pères avec des tendresses que je ne puis exprimer qu'en le comparant à cette mère légitime de l'enfant que la marâtre voulait partager par une jalousie plus que barbare; car vraiment ses entrailles furent émues sur son fils. Et le même sentiment pressait ce grand homme de trouver les moyens pour les arracher des prisons de ce tyran. En effet, il renvoya en l'année 1627, à Maroc, Frère Rodolphe, capucin, duquel je vous ai déjà parlé, pour leur porter des commodités qui leur étaient plus nécessaires.

Il arriva, vers le mois de juin de cette année (1627),

à Mazagan, qui est un port que le roi Catholique tient en ces côtes de Barbarie. Il ne lui fut pas possible de passer outre, quelque instance qu'il en fît au gouverneur, qui ne lui voulut permettre. La nouvelle de sa venue fut portée jusques à la cour du roi de Maroc, ce qui ne fut pas peu utile; car ainsi il reconnut assurément que l'on travaillait à l'exécution des promesses que lui avait faites Monsieur le commandeur : ce qui l'ôta de l'erreur dans laquelle il était, que l'on n'y pensait plus, et servit aussi à relever l'esprit abattu de tous les pauvres captifs, et principalement des gentilshommes Français qui avaient suivi ce brave chevalier.

Les nouvelles sont comme les boules de neige, qui se grossissent à mesure qu'elles roulent dessus ; car elles s'augmentent aussi en passant d'une personne à l'autre. De la venue de Frère Rodolphe, on conjectura qu'il apportait les présents pour le roi et pour le rachat de tous les esclaves. Ceux-ci se réjouissaient, et le roi trouvait à redire qu'on eût pris ce moyen, et qu'on se fût servi de ses ennemis pour faire la paix avec lui.

Ces bons Pères ne furent pas moins réjouis de la venue de leur ancien compagnon, que les autres captifs ne l'étaient du secours qu'on leur envoyait par son moyen. La cause de leur joie ne fut pas en vue du soulagement qu'ils pouvaient recevoir de ce qu'on leur avait apporté, mais du remède qu'ils apporteraient, par l'excès de leur charité, aux besoins pressants de ceux qui n'étaient point secourus. Nous ferons voir ci-après comme ils s'acquittèrent de ces devoirs excellents de charité. Et de vrai, ils mandèrent que, sans cette considération, ils s'en fussent passé librement malgré leur pauvreté extrême, que la cherté du blé, qui était très grande, rendait plus misérable.

Ce qui leur toucha davantage le cœur, fut de considérer les effets admirables de la tendre affection qu'avait pour eux le Révérend Père Joseph. Leurs lettres sont pleines des ressentiments qu'ils avaient du soin effectif qu'il prenait pour les soulager, en l'attente qu'il se promettait de leur entière liberté.

Mais ce qui les mit dans le ravissement, c'est qu'il les assurait que, si la liberté commune de tous les esclaves ne se pouvait ménager, il était résolu de ne rien épargner pour réussir en la leur particulière. J'ai rencontré un lambeau de la lettre que le Révérend Père leur en écrivait; je pense qu'il en manque deux pages. Le reste commence ainsi, au milieu d'une période :

« Vous vous souviendrez que les prémices de notre Ordre, offertes à Dieu en sacrifice de louange, commencèrent par Maroc, et puis cette ferveur s'étendit en plusieurs autres lieux. Nous pouvons dire qu'il en est ainsi arrivé en ce dernier temps, car vous verrez combien les missions se sont dilatées depuis votre partement. Nous avons maintenant quatre de nos Pères logés dans Constantinople, avec une belle église et un joli hospice que les chrétiens de ce lieu-là leur ont donnés. Ils y sont dès le septième juillet de l'année passée. Le Révérend Père Léonard de Paris, qui est maintenant provincial de Paris, et moi, les y avons envoyés avec l'autorité du Pape et du roi. Ils y sont maintenant bien reçus, avec telle abondance, qu'il n'y a point de couvent, en aucun autre lieu, qui soit mieux. Vous autres, vous gagnez le ciel par une autre voie, et travaillez à une œuvre plus difficile; mais néanmoins réjouissez-vous avec nous de ce bon commencement. Ils prêchent déjà publiquement en italien, et quelques-uns d'eux savent le grec, ce qui donnera entrée pour bientôt converser avec les Grecs, qui leur témoignent amitié. Nous y enverrons bientôt quatre autres Pères. Et d'autres lieux fort commodes se présentent, comme aussi des Grecs et Arméniens se présentent pour prendre l'habit. Nos Pères ne laissent pas de souffrir quelque sorte de persécution; car souvent, allant par la rue, ils sont frappés des Turcs; puis après, voyant leur patience, les en estiment davantage. Les quatre premiers sont excellents hommes, de la province de Paris, grandement unis en l'esprit de Dieu, et qui ont de fort bons talents d'esprit naturel et de science, et d'adresse en la conversation.

» Nous avons envoyé en la Terre-Sainte le Père Jean-François de Saumur, et le père Gilles de Loches, et, selon leur reçu, nous en tenons d'autres de la province de Touraine tout prêts; ils y arriveront aussi au mois de juillet.

» Nous en avons envoyé, de la province de Paris, en Perse et Arménie. Le Père Jean-Chrysostôme d'Angers et le Père Joseph de Vitré partiront dans peu de jours pour l'Angleterre. J'espère beaucoup de ces deux-là et de cette mission; ils seront fort commodément avec Monsieur l'Ambassadeur, qui nous est ami comme un frère, et, sous son abri, pourront sûrement préparer de bonnes choses. Notre reine d'Angleterre est courageuse comme un petit lion, tout enflammée du zèle de la religion catholique. Le diable, plus que jamais, fait travailler les catholiques, prévoyant le bien que cette princesse doit faire; c'est pourquoi il la faut aider puissamment. Mais toujours nos deux captifs de Maroc me tiennent au cœur. Chacun d'eux peut dire avec l'Apôtre : *Ego vinctus in Domino*[1], et : *Mortificamur tota die*[2], et : *Vita in vobis, et mors in nobis*. C'est pourquoi j'en attends ce que le Fils de Dieu a dit du grain mortifié, lequel multiplie au centuple.

» Nous n'avons voulu envoyer nos gens tout à la fois. Il se faut réserver des bandes de***. J'ajouterai que l'on a eu soin de vous aider, en votre nécessité, de vivres en plusieurs sortes. Il y a plus de six mois que Monsieur de Razilly envoya une patache pour aller à Maroc, qui portait argent et meubles nécessaires. Celui qui la commandait était tenu pour fort homme de bien, et cependant ce mauvais homme ne fut pas si tôt en mer, qu'il se mit à voler les sujets du roi, les vaisseaux duquel le poursuivirent de telle sorte, qu'il fut contraint de se sauver dans un esquif, et, laissant la barque à l'abandon, elle fut pillée. J'ai aussi usé d'un autre moyen, qui est que, le roi ayant obtenu du Grand Seigneur que les captifs d'Alger fussent rendus, cette affaire fut commise au sieur Samson Napoléon, demeurant à Marseille, qui eut charge de la part du Conseil du roi, et me promit, étant fort de mes amis et de notre Ordre, qu'étant à Alger, il irait ou enverrait des hommes fidèles pour vous porter quelque secours d'argent, et même payer votre rançon pour vous deux, si on

[1] Ephésiens, IV, 1. [2] Romains, VIII, 36.

la voulait accepter, et disposer que les autres fussent délivrés, ou dès lors ou quand on aura la plus grande somme. Je ne sais si vous aurez eu des nouvelles du dit Samson. »

Voilà ce que j'ai pu lire de cette pièce; car l'écriture en est à demi effacée, le papier fort déchiré, et ceci suffit au dessein que j'ai eu de le transcrire.

L'ardeur de souffrir qu'avaient ces deux excellents religieux s'opposa à cet effet. Ils trouvèrent de la honte à sortir sains de ce combat, croyant que ce serait une offense notable à leur générosité s'ils n'en voyaient l'issue. Ils refusèrent ces offres avec des instances seules dignes de leur vertu, et supplièrent le Révérend Père Joseph de n'y penser plus; car le zèle qui les avait conduits là leur faisait trouver du plaisir dans leurs peines.

C'était la raison principale de leur refus; néanmoins, ils en avaient encore une, qui ne pouvait sortir d'autre principe que celui de la charité. Supposé que le roi de Maroc eût consenti à leur élargissement seul, ce que les maximes d'État ne lui conseillaient pas, ils assurèrent qu'il ne leur était possible de se séparer de ces pauvres captifs, pour les laisser à la merci de tant de misères et de cruautés, pour ce qu'en effet ils ne vivaient, selon le corps et l'esprit, que par les commodités temporelles et spirituelles qu'ils leur communiquaient, partageant avec eux ce peu de pain qu'on leur donnait, selon le conseil de Dieu par un prophète. Ces infortunés étaient leurs enfants; ils les avaient engendrés à Jésus-Christ, ainsi que l'Apôtre les Galates, ou Français; et ils continuaient de les engendrer par le soin qu'ils en prenaient, avec des peines du tout incroyables.

La sainte charité opérait en eux ce que l'amour naturel fait ès mères : ils ne pouvaient oublier les productions de l'esprit, non plus que les mères font celles de la chair. Ils portaient les besoins de ces chers enfants gravés dedans leurs mains, afin de les avoir plus présents et y porter le remède avec plus de diligence; et ne voulaient pas perdre de vue les murs de leur prison commune, afin d'y conserver dans une égalité bien juste la tendresse qu'ils en avaient.

Le cœur s'ouvre à la joie et se dilate si fort, qu'il semble ne se devoir jamais remplir; il se rend si présent à la jouissance de ce plaisir, qu'il oublie facilement tout ce qui n'est point ce qu'il possède; et sa satisfaction est d'autant plus grande, que le sujet de son allégresse a été longtemps attendu. Cela n'arriva à ces bons Pères; car, encore qu'ils eussent beaucoup désiré et longtemps attendu ce peu de répit à leurs longues peines, ils n'y abandonnèrent point tant leurs cœurs, qu'ils en oubliassent les choses nécessaires. Et de vrai, ils tâchèrent alors, par toute sorte de moyens, de savoir les intentions du roi de Maroc sur le traité de paix entre les deux couronnes, et où il aurait à gré qu'on y travaillât, à Mazagan ou Saffi, quoiqu'il y eût assez de sujet pour croire que le dernier, ou Salé, lui serait moins suspect, encore que depuis peu celui-ci fût révolté contre lui. Toutefois, il était nécessaire d'avoir de lui-même sa résolution : il lui survint une incommodité qui retarda sa réponse.

Il y avait grande apparence qu'il refuserait Mazagan, d'autant qu'il était ennemi juré de l'Espagne, ce qui y rendait même le commerce des Français périlleux. Les Espagnols de ce hâvre étaient soupçonnés d'être les auteurs ou les complices de notre désastre, outre l'antipathie extrême des deux nations.

Après que le roi de Maroc eut recouvré sa santé, les Pères apprirent ses intentions par le moyen de l'alcade Amar, vice-roi de ce pays-là. Touchant le voyage de Frère Rodolphe, il les assura que Sa Majesté en avait reçu beaucoup de contentement; et quant aux ombrages qu'on croyait qu'Elle eût de Monsieur le commandeur de Razilly, qu'ils n'étaient pas véritables, et qu'en effet il pouvait retourner en assurance avec le présent; il promit aussi de faire réponse aux lettres que le dit sieur lui écrivait. Pour preuve de cette bonne disposition dans laquelle était le roi, l'alcade leur donna de la part de son maître trente ducats, ce qui leur fit justement croire qu'en vérité le roi était satisfait, et leur commanda faire translater leurs lettres en espagnol, afin qu'il les pût montrer au roi. Nous dirons bientôt comme ils employèrent cette libéralité royale, aussi bien que celles qu'ils ménageaient d'ailleurs.

Pour donner plus de jour à cette affaire, il est certain qu'il était plus à propos, et plus honorable au roi de Maroc, que l'alliance et la liberté des captifs se traitât dans quelqu'un de ses ports, et par quelqu'un qui agît de la part du roi de France, comme ambassadeur, que par le simple commerce des marchands particuliers, qui retiennent tant qu'ils peuvent le rachat des esclaves, afin que l'argent profite entre leurs mains : l'intérêt propre est le Dieu de leur police en ces côtes de mer. Et le roi de Maroc tenait à grand honneur l'ambassade apparente d'un aussi grand prince que celui de France; la paix et la liberté se fussent achevées avec plus d'heur et de promptitude. Il y avait même du profit à faire pour le trafic temporel, mais sans comparaison plus pour les âmes, après cet accommodement.

Sur quoi ils écrivirent ces paroles au Révérend Père Joseph :

« Il suffit, pour maintenant, de vous dire que, demeurant libres après la paix, je vous assure qu'au travers de tant de ténèbres où nous avons été ensevelis jusques ici, nous voyons poindre de loin le beau jour d'une céleste vocation. Nous ne craignons autre obstacle, en cette œuvre divine, que nos démérites et la paresse continuelle de correspondre comme il faut aux desseins de notre Souverain Maître, qui, à la vérité, fait de son côté plus que nous n'oserions souhaiter. »

CHAPITRE VIII.

Conseils des missionnaires pour le traité à intervenir entre le Roi de France et l'Empereur de Maroc. Conversion d'un rabbin. Mort édifiante de plusieurs gentilshommes Français en captivité. Mort de l'Empereur; son fils lui succède et manifeste d'abord une grande bienveillance pour les Français. Famine, maladies. Le nouvel Empereur commence à se lasser d'attendre une ambassade française. Alternatives de bienveillance et de rigueur pour les captifs (1627).

La passion véhémente qu'avaient ces heureux Pères d'étendre le royaume de Dieu dans ce canton de l'Afrique, les tenait toujours attentifs, afin de discerner au vrai les intentions du Roi, pour tâcher de faire que ce négoce s'achevât heureusement, par des moyens qui satisferaient son inclination avec éclat. C'est pourquoi ils donnèrent avis au Révérend Père Joseph, que la somme qu'il avait obtenue de la magnificence du Roi de France, qui était de cent cinquante mille livres, fût employée en étoffes diverses, comme drap d'Angleterre écarlate, velours et satin à fleurs et plein, de la Hollande, quelques pierreries, des instruments de mathématiques.

De ce moyen, il y avait apparence que deux choses en réussiraient : la première, que le Roi de Maroc, recevant ces marchandises comme des présents, se tirait plus honoré; la seconde, et la plus considérable, que sur les étoffes il y avait à gagner cent pour cent, moyen excellent pour multiplier la somme, et de petite la rendre fort grande; car, encore que ce prince aimât l'argent avec passion, il n'en tirerait pas autant d'avantage que du trafic d'une marchandise. Enfin, tous jugeaient que l'affaire devait être traitée avec éclat.

La piété et la naissance donnent de bonnes inclinations : ces bons Pères, qui ne manquaient pas de ces deux qualités, étaient si reconnaissants de la courtoisie qu'ils avaient reçue de l'alcade Amar, vice-roi, qu'ils conjurèrent le Révérend Père Joseph de ne leur pas refuser le moyen de lui témoigner leur gratitude. Ils demandèrent des drogues, qu'il leur avait témoigné désirer, pour lui faire un présent conforme à son souhait; comme thériaque, rhubarbe, scammonée, agaric, aloès, séné, conserves de pied-de-chat et de romarin, confection d'alkermès, etc.

En cette année (1627), un Juif de considération, très savant en la loi de Mahomet, le meilleur Rabbi qui fût en ce pays, pressé de sa conscience, reconnut son erreur, et témoigna à ces bons Pères un grand désir de venir en France. Ils le proposèrent au Révérend Père Joseph, et, pour ce qu'il n'était pas aisé de le faire sortir, donnèrent l'invention de le faire demander par Monsieur l'ambassadeur futur, de la part de Sa Majesté très chrétienne, pour enseigner l'hébreu à Paris, en quoi il excellait, comme aussi en langue arabique, autant et plus que les Arabes mêmes.

Il y avait grand nombre de jeunes enfants chrétions, qui étaient en péril de renoncer leur créance, que l'on proposait d'envoyer en France : c'eût été une charité excellente et le bien rendu pour le mal, selon le conseil évangélique.

Au mois d'août (1627), mourut dans les prisons le sieur Vachot, esclave, autrefois commis aux Finances sous le sieur de Beaumarchais. Je remarque cette mort, parce que c'était l'un des chers enfants de ces bons Pères. Ses compagnons le regrettèrent beaucoup; néanmoins cette mort leur fut utile : ils en tirèrent sujet de magnifier l'infinie bonté de Dieu, d'autant qu'en France il avait vécu au milieu des délices comme un démon incarné, et, en Barbarie, il avait passé ses jours en ange. Il s'était obligé par un vœu particulier à se faire capucin, longtemps avant la maladie de laquelle il mourut. Les merveilles de sa conversion mériteraient un livre, ce qu'à peine croiront ceux qui l'ont connu. Ce sont les fruits des exemples et de la charité de ces bons Pères : Dieu en soit mille fois béni !

Le 17 septembre de cette année (1627), jour que l'Église emploie au souvenir de la grande merveille d'amour que Dieu opéra en saint François, le Roi de Maroc, Molezidan, mourut assez jeune; car, comme a chanté David, *les hommes qui versent le sang, et sont pleins de tromperies, n'arriveront jamais à la moitié de leurs jours*. Il était furieux, ivrogne, cruel, voluptueux, et tout cela jusqu'à l'excès.

Son fils aîné, Molé Abdelmelec, lui succéda. Ses deux frères cadets se mirent en campagne, ce qui n'empêcha pas qu'il ne fût reconnu prince vaillant et amoureux d'honneur. Ces Pères remarquent qu'il avait une forte inclination pour Louis le Juste, notre défunt monarque, et ensuite pour les Français : les principaux de sa cour l'étaient. On eut sujet de croire que ce changement donnerait quelque nouveau jour au traité de paix, en ce qu'on pourrait ouvertement traiter avec Sa Majesté; car l'alcade Amar, qui gouvernait tout, n'eût jamais permis que Monsieur le Commandeur eût le moindre déplaisir. Et puis le Roi, du vivant même de son père, avait témoigné son sentiment là-dessus, n'approuvant point qu'on négociât ses affaires ailleurs que dans les ports de ses États : d'où ces bons Pères prirent sujet d'écrire au Révérend Père Joseph pour avancer ce traité; ils se promettaient que, dans la cour du Roi de Maroc, il ne tirerait pas en longueur, ce prince étant fort expéditif.

Les lettres qu'ils écrivirent pour ce sujet finissent avec des paroles qui témoignent bien que ce n'était pas leur intérêt particulier qui les rendait empressés à la sollicitation de cette affaire, mais seulement l'état présent des choses : il fallait le représenter, afin de donner par leurs avis la lumière nécessaire en la cour de France. En outre, l'obéissance les y obligeait, le Révérend Père Joseph leur ayant plusieurs fois commandé d'être soigneux à lui donner continuellement des avis sur ce sujet; de plus encore, le besoin de plusieurs, qu'ils reconnaissaient sur le bord du précipice, et qu'ils retenaient avec peine. L'inclination que le prince avait pour les Français, leur était un nouveau motif de craindre qu'il n'en prît plusieurs à son service, ce qui ne fût arrivé sans renoncer leur créance. Les assurances qu'ils rendent ensuite du plaisir de leurs peines, pour consoler l'esprit de leur Père affligé par cet esclavage, font bien voir qu'ils avaient le cœur éloigné de si basses pensées. Ainsi disent-ils :

« Nous vous prions de ne vous attrister pour notre captivité, qui nous est très douce, puisque nous avons mis notre paradis dans les croix. Les travaux de tous nos séraphiques Missionnaires, qui commencent, comme vous dites, d'attaquer l'Asie, nous donnent de nouvelles forces, et rallument je ne sais quel feu dans nos âmes, qui nous fait trouver bien doux tout ce que la rage de Satan nous peut suggérer de difficile. »

Le nouveau Roi continuait à témoigner l'inclination qu'il avait pour les Français. Ces bons Pères furent avertis qu'il en voulait deux cents. Si cela fût arrivé, il ne fallait plus penser au rachat ; car la plupart des esclaves étaient à demi désespérés par l'excès de leurs misères : un mal abat davantage par la longueur de sa durée que par sa violence ; quand l'une et l'autre se rencontrent, elles font d'étranges ravages. Il y en avait donc qui s'exposaient volontairement à perdre la foi, ce qui affligeait plus ces fervents religieux que toutes les disettes ; ils ne pouvaient comprendre qu'il fût possible de n'en voir pas un qui eût assez de cœur pour souffrir un soufflet pour l'amour de Jésus-Christ.

Ces bons Pères ne furent pourtant pas privés des preuves de la bienveillance royale. Sa Majesté s'avisa un jour de leur envoyer faire compliment de sa part, ce qu'à peine on eût cru rencontrer dans un pays si barbare, et leur fit dire « qu'ils eussent courage et patience, qu'il ne les abandonnerait pas. »

Mais, comme il avait des affaires plus importantes et pressées, il les oublia, aussi bien que ce projet premier; car ses deux frères puînés s'opposaient avec des forces considérables à son établissement. Il les mit en déroute une première fois avec une médiocre armée. Dès lors il n'eut point de pensée plus présente que de s'affermir sur son trône, et régner avec douceur et gloire. Il ne le pouvait faire sans peine, étant fort haï. La famine et la peste, qui augmentaient, ne favorisaient point son dessein; le peuple était sur le point de se révolter, faute de blé, dont la charge valait jusques à vingt écus, et allait monter jusques à quarante, et l'orge à douze, et l'on n'en trouvait pas. Ses frères attendaient cette occasion pour se déclarer plus ouvertement, et les santons se fussent mis de la partie, ce qui eût achevé de tout perdre.

A la vérité, si les affaires de France eussent permis qu'on eût alors envoyé Monsieur le Commandeur (car on n'en demandait d'autre à cause de la haute estime qu'il avait acquise en ce pays-là), sans doute on eût fait avec un présent médiocre tout ce qu'on pouvait désirer. Le Roi avait même dit à un de ses favoris qu'il voudrait que le chevalier de Razilly retournât, lui en dût-il coûter dix mille ducats de son épargne; et, parlant à un de ses renégats, il ajouta qu'il lui voulait donner cinq cents ducats pour étrennes, quand l'ambassadeur serait venu.

Il faut avouer que ce prince n'était point trompé; d'autant que, si Monsieur le Commandeur fût approché avec forces de cette côte, il eût donné de la terreur à ses ennemis; et, si le Roi eût été trop pressé, il l'eût rencontré à propos pour s'embarquer avec ses plus précieuses richesses. Aisément il se fût persuadé qu'on le lui avait envoyé exprès. Pour ce, il le désirait avec passion, se doutant du succès de ses armes, si on en venait encore aux mains.

Les Pères, voyant de si belles occasions pour faire prendre au traité une heureuse issue, s'avisèrent de tâcher de le faire consentir qu'un d'eux vînt en France, afin d'y travailler; mais il ne se trouva aucun qui eût assez de hardiesse pour lui faire cette proposition, toute cette cour n'étant composée que de personnes d'une naissance basse, sans cœur.

Dieu visita ces bons Pères, en ce temps, d'une nouvelle affliction. Tant de misères produisirent enfin de grandes maladies; le Révérend Père Pierre en fut incommodé trois mois entiers; et le Révérend Père Michel un peu moins; et, faute de soulagements, le premier fut longtemps à se remettre. Ce qu'on leur avait envoyé de France ne leur fut pas à moitié donné; les marchands en retinrent, et, de ce que même ils leur laissèrent, on en déroba encore; et eux distribuèrent la plus grande partie de ce qui était arrivé jusques à leurs mains.

Il mourut un jeune gentilhomme nommé Boulainvilliers, neveu du sieur de Montalet, qui a été capitaine des mousquetaires de Sa Majesté. Il avait été nourri page de Monsieur le maréchal de Brissac, et fut aussi un des enfants qu'ils avaient engendrés à Jésus-Christ. Il vécut là en ange, tant ses actions furent innocentes, et sa mort fut aussi précieuse que sa vie avait été pure. Ils l'avaient non seulement gagné à Dieu dans le monde, mais pour la religion : il avait résolu d'entrer dans celle de ces bons Pères, en se faisant capucin.

Ces légitimes enfants de saint François ne sentaient point leur cœur se ramollir à tant d'épreuves ; ils ne pouvaient celer le contentement qu'ils avaient de boire à si longs traits au calice de Notre-Seigneur. Les souffrances passées leur ouvraient l'appétit, pour servir de disposition à de plus grandes, qui se préparaient par les misères susdites. Il me semble que j'entends la voix mélodieuse d'un cygne qui a des pressentiments de sa mort prochaine, lorsque je lis ce qu'ils écrivirent au mois de novembre :

« Dieu nous a visités de maladies, et croyons de ne vivre plus guère entre tant de mésaises. Nous commencerons, demain 21, l'oraison des 40 heures, pour tant de nécessités pressantes. »

Il est certain qu'ils avaient raison de presser l'exécution du traité de paix, car le Roi de Maroc témoignait le souhaiter bien fort. Pour preuve de l'inquiétude qui le pressait, il demandait des nouvelles du futur ambassadeur à tous les Français qu'il rencontrait, et eux, connaissant cette grande inclination, assuraient tout le monde que le printemps ne passerait pas sans que cette bonne œuvre fût achevée. Il est croyable que l'espérance de ce succès empêcha le Roi de prendre les Français, comme il l'avait résolu, pour les faire maures. On remarque qu'il avait du dessein plus particulièrement contre ceux de l'équipage de Monsieur le Commandeur. Il lui en fut mené un par ses ordres, en son armée, qui tenait la campagne depuis un mois. Le Roi lui demanda si l'ambassadeur viendrait ; il répondit que oui, et en même temps il présenta à Sa Majesté une lettre que les

Pères Lui écrivaient en arabe en faveur de ce pauvre jeune homme, et dans laquelle ils confirmaient l'assurance du prochain retour de Monsieur le Commandeur, ajoutant que dans deux ou trois mois Sa Majesté recevrait toute la satisfaction espérée. Ce ne fut pas inutile aux Français, qui eurent, depuis, un peu de trêve des mauvais traitements ordinaires. Sans parler de religion à ce jeune homme, le Roi lui donna un ducat, le renvoyant.

Tout le pays était perdu depuis leur captivité, comme nous avons dit, car elle donna tant d'épouvante à tous les marchands de France, et autres, qu'ils y cessèrent leur commerce. Toutes les denrées étaient au poids de l'or, et il faisait tellement cher vivre, que la famine était presque universelle dans le royaume. Je laisse à penser en quelle extrémité étaient réduits les esclaves. Ceux de la prison dans laquelle étaient les Pères, se voyaient réduits à ce point, qu'il était besoin d'un miracle du Ciel, sans quoi ils étaient résolus à mourir de faim. On eût pu dire alors avec un Prophète : *Mon peuple a été mené prisonnier parce qu'il n'a pas eu de science, et ses nobles sont morts de faim, et sa multitude est séchée de soif*[1]. Et ce mal était prochain et inévitable; le Roi avait retranché ses libéralités, et ne se ressouvenait plus de ses offres; de sorte qu'ils étaient dans une condition plus mauvaise que ceux desquels le bon Job assure qu'ils mangeaient les herbes et les écorces des arbres, et que la racine des genièvres leur servait de viande. Ce qui rendait encore leur misère plus extrême, était de ne pouvoir retirer des marchands

[1] Isaïe. v, 13.

ce peu qui leur restait entre les mains, et qui avait été avancé pour eux. Les marchands de ces pays ressemblent à ceux desquels saint Jean dit que, devenus riches par la puissance des délices de Babylone, ils se tiennent loin d'elle par la crainte de partager son tourment[1]. Ces Pères n'avaient lors plus recours qu'à Dieu, qui jusque-là les avait toujours pourvus : le passé les maintenait dans la confiance qu'ils devaient avoir en sa providence, comme enfants légitimes du pauvre saint François. Aussi, est-ce aux choses désespérées où son secours se rencontre heureusement.

N'est-ce pas un merveilleux effet de la bonté divine, de ce que ces Pères n'eussent encore été à charge à aucun, parce qu'ils se nourrissaient de peu de chose, comme nous dirons? Quand Dieu fait éclater les miracles de sa providence, ce n'est pas communément avec l'abondance : le Saint-Esprit donne celle-ci pour une marque de crime, elle attira un jour le châtiment de Dieu sur Sodome. Il se contente donc de donner à ses serviteurs ce qui est nécessaire pour remédier à leur ruine, et faire avouer cette vérité divine, que David a remarquée soigneusement : jamais Dieu n'abandonne ses saints, afin d'obliger tout le monde à recourir à lui par l'exemple de ses faveurs. Si on a lu qu'ils se sont empressés quelquefois à demander qu'il fût pourvu à leurs besoins, ce n'a été que pour l'assistance de leurs pauvres compagnons ; et en cela agissaient-ils par un saint mouvement de la charité, étant chose assurée que sans eux ceux-ci fussent dès longtemps morts de faim et des

[1] Apocalypse, XVIII, 3, 10.

autres misères. Avec tout cela, ils bénissaient continuellement Dieu de l'allégresse qu'il leur donnait entre tant d'afflictions; elles leur firent par expérience connaître cette vérité divine, que l'homme ne se repaît pas seulement de pain, mais aussi de la parole qui procède de la bouche de Dieu.

Avec grande raison ils pressaient le renvoi de Monsieur le Commandeur, pour traiter l'accommodement des deux couronnes. Outre les assurances qu'ils avaient du passé, que le Roi de Maroc le désirait ardemment, tous les jours ils découvraient de nouveaux sujets de se confirmer dans cette créance. On leur donna avis que le Roi avait demandé à son interprète s'il avait les lettres qui étaient venues de France pour son père. L'interprète en assura Sa Majesté, qui lui en fit réitérer la teneur. Elle y apprit que ce chevalier faisait de très humbles excuses à son père de n'avoir pu effectuer sa parole au temps préfix; que son roi lui avait donné de l'emploi dans les guerres civiles du royaume, pour son service, et qu'il n'était pas en état de pouvoir si tôt obtenir son congé; qu'à ce défaut il envoyait offrir à Sa Majesté quatre mille pièces de huit, qui étaient là cent mille livres, monnaie de France, pour tous les Français captifs dans son royaume; et le suppliait très humblement de vouloir être content de cette somme, à cause de la nécessité où était lors la France, pour tant de guerres qui obligeaient à une dépense presque infinie. Le Roi demanda ce que son père avait résolu de faire. L'interprète répliqua qu'il avait eu ordre d'écrire à un marchand de Mazagan, avec qui Frère Rodolphe, capucin, avait traité pour faire les offres. Les termes de ce message n'acceptaient ni refusaient ce présent, afin de ménager du temps pour reconnaitre si ce qu'on promettait pouvait satisfaire. Le même interprète reçut ordre de réitérer une réponse pareille, en ce même sens, et d'ajouter que cette somme n'était pas suffisante pour le dédommagement de la moindre des pertes que les Français lui avaient causées; mais que son désir de faire une bonne paix avec la France lui faisait, sinon oublier tout à fait ses intérêts, du moins ne pas les prendre en aussi grande considération.

Nous verrons ci-après l'événement de cette entremise.

CHAPITRE IX.

Manière de vivre des missionnaires dans leur prison; succès et revers de leur ministère parmi les esclaves. Martyres et apostasies (1627).

Cette histoire serait défectueuse, si je ne déclarais comme ces bons Pères dispensaient le temps en cette prison, leur forme de vivre, et comme ils y étaient pourvus. J'ai réservé ce narré pour la fin de cette année, afin de n'interrompre la suite de l'histoire, et parce qu'en ce temps ils virent plus de fruit de leur patience.

Ils dressèrent une chapelle en lieu commode, où ils célébraient l'auguste sacrifice du Corps et du Sang de Jésus, quand ils pouvaient trouver du vin, prêchaient, instruisaient les captifs, administraient les saints sacrements, faisaient souvent des processions autour de la cézenne, par le dedans, donnaient le pain et l'eau bénite les dimanches. Ils disaient les offices à certaines heures réglées du jour, chantaient vêpres, où les esclaves se trouvaient, à quoi plusieurs leur aidaient, se levaient la nuit pour dire ensemble matines, comme les autres heures, employaient chaque jour à l'oraison mentale une heure après les matines, et l'autre le soir, après les Litanies de la Vierge, que le Révérend Père Pierre chantait, et où les captifs assistaient. Ils n'oubliaient pas les disciplines accoutumées en leur ordre. Bref, ils vivaient là avec une régularité aussi exacte en toutes les observances que dans les couvents formés.

La charité, qui est comme un feu, se dilate à mesure qu'elle rencontre de la matière propre à nourrir ses flammes : celle de ces Pères était toujours agissante. La plupart de ces pauvres captifs fussent mille fois morts de faim sans le soin continuel qu'ils en prenaient. Il y avait des esclaves Français, de Marseille, qui vivaient hors la cézenne, parce qu'ils avaient donné caution; ainsi étaient-ils plus accommodés, et avaient-ils plus de moyens de pourvoir à leurs besoins, soit par leurs amis, soit par leurs travaux et industries. Les Pères s'adressaient souvent à eux, afin d'en tirer des libéralités que puis après ils ménageaient et dispensaient entre les esclaves, selon les besoins. Il y avait aussi des marchands qui leur donnaient quelques aumônes; et, comme s'ils eussent ignoré que c'était pour eux, ou qu'ils n'eussent pas senti leurs nécessités, ou les eussent oubliées, ils partageaient aux plus pressés, sans considération des personnes ni des qualités, comme assurent ceux qui ont été sur les lieux, qui l'ont appris des esclaves. Mais encore était-ce fort peu pour une si grande multitude.

Avec ces soins, ils en préservèrent plusieurs, qui eussent renoncé leur créance. C'est pourquoi ils s'y engageaient d'autant plus volontiers, qu'ils savaient que le salut de leur prochain y était comme attaché. Ces charitables religieux se privaient volontiers de leurs soulagements, afin de sacrifier leur intérêt, à l'exemple du Sauveur, pour aider leurs frères. Hé! comment n'eussent-ils pas, comme saint Paul, été soigneux du salut de ceux qui étaient compagnons de leurs chaînes? Ils ne réservaient pour eux que ce dont ils ne se pouvaient priver. Comme les Apôtres passaient une partie de leur vie avec du blé qu'ils prenaient dans l'épi, ainsi ces pauvres Pères étaient contents, pour tout mets, d'herbes cuites avec du sel et de l'eau, fort peu de pain; et ils ont ainsi passé presque tous leurs repas, depuis que le Roi de Maroc eut retranché le peu de viande qu'il leur donnait au commencement.

Les bienfaits et l'exemple ont des attraits si puissants, qu'à moins de renoncer à l'usage de la raison, il n'est pas aisé d'y résister. L'Apôtre, qui n'épargnait chose du monde pour gagner les âmes à Dieu, employa ces deux moyens, qu'il jugea efficaces pour disposer les esprits à la créance de l'Évangile qu'il prêchait. Il fit faire des quêtes entre les Corinthiens, pour les envoyer aux pauvres qui étaient à Jérusalem, et il donna les ordres nécessaires pour les y porter. Il conjure les Thessaloniciens de se souvenir de ses condescendances et de ce qu'il a fait pour ne leur être à charge, renonçant aux droits de son apostolat, afin de les obliger davantage et leur laisser l'exemple de son innocence, de sa justice et de sa modestie, vertus qui ne se sont jamais séparées de ses actions. Ainsi firent ces hommes apostoliques : ils joignirent leurs soins charitables avec leur vie exemplaire, pour attirer au service de Dieu plusieurs âmes, entre ces captifs, qui vivaient avec dérèglement, méprisant leurs remontrances, changeant par une très mauvaise habitude la douceur de leurs conseils en venin, se moquant d'eux, leur faisant la moue des lèvres, et hochant contre eux la tête. Ils commirent, au préjudice du respect qui leur était dû et de l'obligation qu'ils leur avaient, plusieurs insolences indignes de Français et de Chrétiens, que je n'oserais publier, tant elles sont pleines de honte. Il me semble entendre saint Ignace, qui disait de ceux qui le conduisaient au supplice, à Rome, que plus il tâchait de leur faire du bien, plus il en était maltraité. A mesure que ces Pères obligeaient davantage ces esclaves, leur insolence croissait; elle arriva jusques à l'excès de frapper le Révérend Père Pierre. La douceur de ses remontrances, aussi bien que ses services, avaient été jusques alors inutiles. Sans doute, le diable joignait sa malice et son envie au libertinage de ces malheureux, pour choquer la patience des Pères; et, s'efforçant d'abattre par ses embûches une patience qu'il voyait surmonter tant de misères, il espérait que l'esprit rendrait moins de résistance au mépris, que le corps ne faisait aux souffrances.

Je remarque ceci, parce que saint Paul compte, entre les peines de sa mission, les dangers qu'il a endurés des faux frères et pour faire voir ensuite la patience admirable de ces deux grands serviteurs de Dieu; car, selon que l'assurent divers mémoires sur ce sujet, elle fut comme celle de l'Apôtre. Ils se servaient heureusement, en ces rencontres, des armes de la justice, j'entends des afflictions, qui ne les ont point abattus. Le mépris et le respect des hommes, la bonne et la mauvaise réputation leur ont été des choses indifférentes. Et Dieu, qui seul peut changer les cœurs, qui les laisse endurcir et les rend maniables, et qui a, comme le potier, la puissance de faire d'une même argile des vaisseaux destinés à des usages honnêtes, ou des vaisseaux préparés pour des services honteux, fit une merveille digne de son pouvoir aussi bien que de sa bonté. Ces esprits farouches s'adoucirent, et, comme les Corinthiens de saint Paul, il leur fit porter les marques de l'apostolat de ces missionnaires.

Car, reconnaissant enfin la vertu de ces excellents religieux, les captifs changèrent de mœurs. Cela commença par une confession générale; le progrès fut d'une piété exemplaire; de sorte qu'aucuns d'entre eux achevèrent heureusement leur vie dans cette captivité, et rendirent à Dieu leur âme purifiée dans leurs larmes et les maux de leur esclavage, entre les bras de ces charitables Pères. Ainsi possédèrent-ils leurs âmes, et celles du prochain, par la patience et la bienfaisance, surmontant le mal par le bien, selon le conseil évangélique. Par ces moyens, ils ont maintenu les autres, et empêché qu'ils n'abandonnassent leur foi.

Après tout, le zèle de ces Pères, ardent comme le feu, ne disait jamais que ce fût assez; ils ne faisaient pas tout le profit qu'ils eussent souhaité, et qu'effectivement ils eussent fait, si la liberté de sortir leur eût été laissée. Ils étaient renfermés dans une prison séparée, avec tous ceux de l'équipage de Monsieur le chevalier, et n'avaient pas de communication avec les autres esclaves resserrés dans la prison commune, quoiqu'ils en fussent proches. Il leur était besoin d'une permission pour y entrer, et ne la pouvaient avoir que pour de l'argent que les esclaves fournissaient; ainsi, ils n'y entraient que rarement, et, quand cela arrivait, ils y prêchaient en public, consolaient les particuliers, confessaient ceux qu'ils trouvaient disposés, et tâchaient, en ce peu de temps qu'on leur permettait, de faire beaucoup de besogne.

Entre les assauts de douleurs si nombreuses et de si longue durée, ces deux braves champions du Crucifié saluèrent le Révérend Père Joseph par l'expression de leurs généreux sentiments, les lui offrant pour étrennes de ce nouvel an. Ils employèrent des paroles semblables à celles que le grand saint Paul, ce modèle accompli de tous les missionnaires, adressait à ses Corinthiens, disant : *Béni soit Dieu, père de Notre-Seigneur Jésus-Christ, père des miséricordes et Dieu de toute consolation, qui nous console en toutes nos tribulations, afin qu'à notre tour nous puissions faire à ceux qui sont accablés de toute sorte de maux l'exhortation qu'il nous a faite à nous-mêmes*[1]. S'ils n'écrivirent pas ces paroles, au moins lui en mandèrent-ils le sens, le onzième Janvier (1628), le suppliant avec une ferveur extraordinaire de croire qu'ils étaient plus contents et courageux que jamais dans leurs longues souffrances.

« Notre-Seigneur, disaient-ils, augmente nos forces et notre contentement, à mesure qu'il accroît le feu de la tribulation. Nous espérons tant en sa miséricorde, que, sans doute, un jour il vous

[1] II Cor. I, 3, etc.

donnera des martyrs pour la consolation de vos peines. »

C'étaient comme les pronostics de leur mort prochaine. Ainsi que j'ai dit, le cygne donne avis de la sienne par la douce mélodie de son chant.

CHAPITRE X.

L'Empereur de Maroc consent à traiter avec Frère Rodolphe. Continuation de la famine; désastres qu'elle produit dans l'empire et dans les bagnes. L'Empereur ouvre la persécution; martyres et apostasies. Apaisé un instant, il fait appeler devant lui les missionnaires et les esclaves de leur prison. Le Père Pierre confesse la foi chrétienne; il accepte de la discuter avec les docteurs mahométans, et de la confirmer par l'épreuve du feu. L'Empereur est touché, et lui fait un présent (1628).

Il arrive souvent, à notre honte, que la nécessité nous contraint de faire ce que la raison ne nous avait pu persuader. On en voit la preuve dans le Roi de Maroc, pressé des affaires de son État, qui lui donnaient une juste appréhension d'une guerre civile au prochain printemps. Elles le firent résoudre à se contenter des offres qu'on lui faisait de France, qui étaient cent mille francs, que Frère Rodolphe, capucin, avait proposés. Il consentit, de plus, qu'on traitât cet accommodement à Mazagan, quoique cette ville soit à l'Espagne.

Ce changement étonna et réjouit tout ensemble ces bons Pères, parce qu'ils ne s'y attendaient pas, et que cela rendait le traité plus facile et plus prompt. Aussi en donnèrent-ils avis, afin que l'on prit ici les moyens nécessaires pour avancer ce négoce, crainte d'un autre changement. Le péril manifeste du salut de tant d'âmes rendait leur zèle agissant à ce qu'on ne laissât échapper une occasion qui se présentait d'elle-même, et que l'on avait jusque-là inutilement recherchée. C'était cette fois, et tout de bon, que la présence de Turnus, comme disait le poëte, était nécessaire. Il ne fallait plus écrire; on devait venir.

Les souffrances accablaient par une longueur importune les esprits faibles, et leur faisaient prendre des résolutions opposées à leur salut. On ne croirait pas aisément les peines que prenaient ces bons religieux à les retenir en état de pouvoir rendre à Dieu ce dont ils lui étaient redevables comme chrétiens. Certes, ils pouvaient bien dire; après un Prophète : *Je me plaindrai et crierai sur le sujet présent; je m'en irai dépouillé et tout nu. Je ferai ma plainte comme celle des dragons, et mon gémissement comme les autruches; car la plaie est sans espoir, vu qu'elle est venue jusques à Juda, et a touché la porte de mon peuple jusques en Jérusalem*[1]. Ce qu'ils faisaient n'était pas remède pour une guérison parfaite, le mal étant presque invétéré en plusieurs; c'étaient seulement des lénitifs pour relever un peu les espérances abattues de ces pauvres captifs, les assurant de jour en jour qu'on ne tarderait pas, et qu'enfin ce qu'ils attendaient depuis un si long temps était sur le point de paraître, à leur contentement, puisqu'on y travaillait sans relâche.

Si le travail de ces Pères n'avait pas pour ces

[1] Michée, I, 8.

âmes autant d'efficace qu'ils eussent désiré, en revanche ceux qui étaient dans leur même prison leur donnèrent un grand sujet d'allégresse. Leur persévérance dans une résolution véritable de vivre et de mourir avec une conformité entière à la volonté de Dieu, était comme la récompense de tant de soins et le repos à leurs fatigues, et, ainsi qu'à saint Paul les Philippiens, *ils étaient leur couronne et le sujet bien ample de leur joie.*

La famine, qui est l'ennemie publique de la nature, fait un ravage étrange entre les hommes, quand la terre, par sa stérilité, se range de son côté, et que le commerce ne s'y oppose pas. Les maladies et la peste viennent ensuite, pour achever de perdre ce qui a échappé des misères de la première. *La sauterelle a mangé le reste de la chenille, et la chenille a mangé le reste de la sauterelle, et la rouille a consommé le reste de la chenille*[1]. Depuis deux ans, la famine faisait le dégat dans le royaume de Maroc. La terre, qui y est peu fertile, et le trafic, qui y avait cessé, l'y entretinrent tout ce temps. Plus de sept mille familles entières quittèrent la ville pour fuir cette sanglante persécution; elle fit mourir des Maures et des Juifs sans nombre, et, ce qui est plus déplorable, elle contraignit à la honte de leur prostitution les femmes qui avaient de la réputation, et qui voulurent résister à sa violence par un morceau de pain. Et elle allait toujours croissant sa rage, et ne voyait-on point de remède pour lui opposer. La mauvaise habitude que cette ennemie laisse dans les corps qu'elle a saisis, y attire tant de

[1] Joël, I, 4.

pernicieuses qualités, que ceux qui se garantissent de son carnage, n'échappent pas à celui de la peste et d'autres maladies, comme si elle ne les eût épargnés que pour les laisser en proie à ces deux maux.

Il n'y avait que Dieu seul qui, par un miracle, pût détourner ces malheurs. Il est vrai, comme disent ces bons Pères, une mort prompte eût été un doux remède pour délivrer tant de pauvres chrétiens des travaux excessifs qui les accablaient. Aussi, en vérité, ne la craignaient-ils point, estimant qu'il leur serait plus avantageux de mourir par quelque moyen que ce fût, que d'être mis dans le péril de perdre la foi par la violence des tourments : ce qui était beaucoup à craindre, vu les rudes assauts qu'ils avaient endurés depuis deux mois sur ce sujet. Car tout leur manquait, fors la misère universelle, et je puis dire d'eux ce que dit Sénèque de l'armée de Cambyse, qui avait premièrement besoin de tout, et qui ne recevait aucun secours des provinces où elle était, à cause de l'ingratitude du terroir, qui n'était pas cultivé ni même connu des hommes. Cela était cause qu'elle endurait une faim étrange, que les soldats soulageaient en se nourrissant des plus tendres feuilles et des rejetons des arbres, et, pour diversifier leur manger, en ramollissant du cuir au feu, et enfin en se servant de tout ce que l'extrême nécessité persuade pouvoir être mangé.

La nécessité publique de ce pauvre royaume, jointe à l'expérience qu'avaient ces Pères de la faiblesse de plusieurs Français et Espagnols, leur donnait de justes craintes que ce malheur ne s'achevât en la perte de tant d'âmes. Il ne se faut pas étonner s'ils pressaient de fois à autre le traité de paix, étant l'unique remède présent entre les humains; et je vous assure qu'il n'était pas possible qu'ils vissent cette ruine sans une douleur extrême, car ils aimaient ces esclaves comme leurs enfants. Hé! comment regarder sans larmes ceux qu'ils avaient élevés et conservés avec tant de soins et de veilles au service de Dieu, tourner le dos à ses autels, pour fléchir les genoux à l'idole de Baal ou au Soleil levant? Cela faisait dire à ces fervents religieux : *Que nos yeux jettent des larmes jour et nuit, et qu'ils ne se taisent point, car la vierge, fille de notre peuple, est brisée par une grande contrition, et par une fort grande plaie*[1].

Ce fut avec juste raison, d'autant qu'au commencement de cette année, le 2 de mars (1628), le Roi de Maroc fit représenter sous ses propres yeux une tragédie aussi triste qu'aucune qui se soit passée en ce pays-là. Je n'en ai pu rien découvrir de particulier. Le Révérend Père Pierre écrit seulement qu'il n'a osé en exprimer les actes, qui eussent sans doute attendri les cœurs, et que la prudence ne lui permet autre chose, sinon assurer que plus de trente chrétiens furent séquestrés afin de leur faire renier la foi; que, de deux religieux, l'un, Français, de l'Ordre de Saint-Dominique, fut tout couvert de plaies et en réchappa glorieux par miracle, il était jeune; l'autre, Espagnol, qu'on nommait le Père Jean Coiral, prêtre de l'Ordre de Saint-Augustin, fut constant à répandre son sang pour le nom de Notre-Seigneur, et mourut après plusieurs blessures. Tous les autres chrétiens, épouvantés de l'horreur de telles cruautés,

[1] Jérémie, XIV, 17.

protestèrent de parole qu'ils étaient maures, à la réserve d'un, nommé le capitaine Paul Imbert, de Saint-Gilles en Poitou, lequel resta ferme en sa créance, quoiqu'il reçût trois coups d'épée. Je conjecture qu'il était de l'équipage de Monsieur le Commandeur.

Il est vrai que, parmi l'affliction incroyable que reçurent ces deux véritables serviteurs de Dieu lorsqu'ils entendirent la chute de tant d'âmes tout à la fois, il plut à sa bonté les consoler, en ce que ces pauvres âmes abattues se relevèrent par la lecture des lettres qu'ils leur écrivirent. De sorte que, excités d'un nouveau feu, ces pauvres navrés restèrent trois jours entiers sur le champ de bataille, s'offrant avec courage à la mort pour l'expiation de la faute qu'ils avaient commise en désavouant lâchement de bouche celui qu'ils adoraient en leurs cœurs.

Cela se passa parmi les chrétiens de la cézenne, ou grande prison, proche de la petite, dans laquelle étaient enfermés les deux Pères Capucins. Ils entendaient aisément les cris lamentables de ces innocentes victimes, sans leur pouvoir donner autre secours que celui de leurs larmes et de leurs oraisons continuelles. Et ne faut-il pas douter que l'amour qu'ils avaient pour les souffrances, et l'ardeur du zèle qui les brûlait, ne les pressât d'un désir violent d'être de la partie, afin de fortifier ces courages d'exemple et de parole, ressentant en l'âme le même mouvement que le Saint-Esprit commanda à un Prophète, de soutenir les mains faillies, renforcer les genoux affaiblis, et de dire à ces timides qu'ils s'assurassent et ne craignissent plus : « *Voici que Dieu viendra prendre vos intérêts, soutenir votre cause, tirer vengeance de vos ennemis, récom-*

penser la fidélité de vos courages, et couronner d'une gloire immortelle votre persévérance[1]. »

Mais, l'exécution de ce souhait étant impossible, ils s'adressèrent à leurs compagnons, empruntant ces paroles de l'Apôtre, pour prévenir le mal qu'eût pu causer en ces esprits la frayeur des tourments dont ils entendaient le bruit, et les clameurs de ceux qui les souffraient : « Que personne de vous ne se laisse ébranler ni épouvanter aux persécutions : c'est le partage des amis de Dieu ; c'est le nôtre. Souvenez-vous, comme si vous étiez leurs compagnons, des prisonniers qui ont enduré un même supplice. *N'oubliez pas ces grands saints qui nous ont prêché la parole de Dieu, desquels vous professez la foi ; considérez, je vous prie, quelle a été l'issue de leur conversation*[2] : ils sont sortis de ce monde par des tourments ; il se faut résoudre à imiter leur mort, si nous n'avons pas suivi l'exemple de leur vie. »

Enfin, notre bon Dieu, qui mortifie et vivifie les siens selon qu'il lui plait, retira ces chrétiens de l'occasion. Par un effet de son amoureuse miséricorde, il permit que pour cette fois ils fussent ramenés dans la prison, afin de se préparer par un renouvellement de vie à résister aux futurs assauts mieux qu'ils n'avaient fait aux passés, ceux-ci étant comme l'essai, pour leur apprendre à triompher des tortures et de la mort par la patience, et à posséder leurs âmes dans l'éternité de gloire.

Un mois après, le 2 avril, le Roi se trouva en meilleure humeur, contre son ordinaire (car il était cruel

[1] Isaïe, XXXV, 3, 4, 10.
[2] Hébreux, XIII, 7.

comme un autre Néron). Il envoya quérir les deux Pères Capucins, avec leurs compagnons esclaves, c'est-à-dire ceux de la petite cézenne. Ayant reçu cet ordre, ils crurent qu'on leur en voulait autant faire qu'aux premiers. C'est pourquoi le Révérend Père Pierre, avec sa ferveur ordinaire, animé de son zèle apostolique, s'excita, comme un éléphant à la vue de son sang, et les encouragea tous par un discours qu'il tira de saint Paul, qui sentait déjà le martyre. Adressant premièrement la parole à son cher compagnon, le Révérend Père Michel : « Voici, dit-il, mon Père, sans faute, l'heure que nous attendons avec des souhaits si pleins d'ardeur, depuis longtemps : *le Seigneur a enfin exaucé le souhait de ses pauvres ; son oreille a entendu la préparation de leurs cœurs*[1]. Je ne doute plus que Dieu ne nous ait appelés les derniers à l'apostolat, et ne nous ait élevés à l'honneur de cet emploi pour être exposés aux persécutions et à la mort. En effet, n'avons-nous pas été l'objet de la risée publique? Dans les ignominies que nous avons souffertes, n'avons-nous pas eu pour témoins les hommes et les anges[2]? Allons nous faire connaître pour les vrais disciples de notre Maître Jésus; rendons-lui sang pour sang et vie pour vie. Qu'on nous sache légitimes enfants de notre Père, héritiers de son zèle, et frères de ceux qui sont ici morts avant nous. »

Et puis, se tournant à tous les captifs, il leur dit que l'affliction et les peines présentes n'étaient tout au plus que d'un moment, qu'elles passeraient légèrement, mais que la gloire dont elles les mettraient

[1] Psaume x, 17. [2] I Cor. IV, 9, 10.

en possession durerait éternellement[1], qu'il ne fallait pas s'arrêter aux choses qui touchent nos sens, qui se trompent facilement, mais à celles que nous enseigne la foi, qui ne peut errer. « *Qui donc nous séparera de la charité de Jésus-Christ? Sera-ce la persécution, la faim, la nudité, les périls, ou la mort? Hé! ne savez-vous pas que nous sommes tous les jours livrés à la mort pour son amour*[2], et qu'il faut que nos corps servent d'hosties pour l'expiation de nos crimes? Ce nous est un honneur incroyable de signer notre créance avec notre sang. Ressouvenez-vous des jours que nous avons passés ensemble en captivité, esquels, après avoir reconnu par la divine miséricorde ce que Dieu voulait de vous, vous avez soutenu un grand combat d'afflictions pour son amour : quand, d'une part, vous avez été mis en montre à tous avec opprobre, et d'autre part, vous avez été faits compagnons de ceux qui n'ont pas eu un moindre traitement, et avez souffert avec joie le ravissement de vos biens, sachant qu'il y a au ciel un plus riche trésor qui vous attend. Ne perdez donc pas maintenant votre confiance, qui est d'un grand mérite. Vous avez, à dire vrai, besoin de patience, afin que, ayant accompli la volonté de Dieu, vous en receviez la juste récompense. Dieu nous fournit aujourd'hui le moyen de nous acquitter de ce que nous lui devons : il nous a donné son sang; il lui faut rendre le nôtre, et faire servir nos corps d'instruments à porter la gloire de son nom dans ce pays infidèle. Allons donc! *Ecce nunc alligatus ego*[3]! Marchons devant le Roi sans savoir l'évènement,

[1] Rom. VIII, 18. [2] Ibid. 35. [3] Actes, XX, 22.

sinon que je souhaite avec passion de verser mon sang jusques à la dernière goutte, et donnerais volontiers mille vies pour l'amour de Jésus. » Et ils s'entr'embrassèrent en se disant le dernier adieu. Puis, tous les captifs firent ensemble la même protestation, que de tout leur cœur ils mourraient avec eux, constants en la foi de leur baptême.

Ainsi disposés, ils partirent de la prison avec une joie incroyable. Tous les chrétiens et les maures qui les virent passer, jugèrent qu'en effet ils allaient à la boucherie; mais Dieu en disposa autrement, car le Roi les reçut avec un si gracieux accueil, qu'ils en furent ravis d'étonnement. Ils le saluèrent tous avec le respect dû à la Majesté d'un grand monarque. Ce prince, à l'abord, leur donna liberté de parler. Il interrogea le Révérend Père Pierre pour savoir s'ils avaient reçu des nouvelles de France, et si on ne viendrait point traiter de leur délivrance, comme on avait promis. Et après plusieurs témoignages du désir qu'il avait du retour de Monsieur de Razilly ou de quelque autre ambassadeur de cette qualité, pour terminer le différend qui était entre les deux couronnes, ils confirmèrent au Roi le sujet du retardement du dit sieur, comme il était employé dans l'armée que la France avait contre l'Espagne et l'Angleterre. Ce mot d'Espagne lui toucha le cœur d'aise, en lui apprenant que le Roi de France faisait la guerre à son ennemi. Il ajouta que, la paix faite, Monsieur le Commandeur ne manquerait pas de demander congé pour achever ce traité, et effectuer la parole qu'il avait donnée au feu roi Molezidan, son père, et qu'ils en avaient reçu des lettres depuis peu de jours.

Entre plusieurs questions que ce prince proposa au Révérend Père Pierre, fut si sa loi permettait de tuer un roi tyran. Le Père répondit que, éloignée de ce conseil damnable, elle conseillait, par un sentiment contraire, de lui rendre respect et obéissance, non seulement par cérémonie ou civilité, mais par devoir et obligation de conscience, et recommandait de faire des prières pour lui. Le prince témoigna prendre plaisir à ces réponses, et le présent qu'il leur fit servit de preuve à la satisfaction qu'il en avait reçue.

Car, s'étant enquis de leur traitement, après avoir su d'eux l'extrême besoin qu'ils enduraient avec cette compagnie, il se fit apporter une boite pleine de ducats, d'où il en tira jusques à cent, puis dit au Père qu'il ouvrît sa main, les voulant mettre dedans. Le Père refusa, disant qu'il ne lui était pas permis : de quoi ce prince fut étonné; mais un renégat lui dit que ces religieux ne maniaient jamais d'argent et fuyaient les femmes, ce qui accrut son étonnement; il avoua que les siens n'étaient pas de même.

Alors, le Révérend Père Pierre, qui attendait une occasion pour parler de la religion, prit la parole et dit qu'aussi ces prêtres mahométans n'étaient-ils pas religieux, qu'il n'y avait qu'une seule et vraie religion, qui était la chrétienne, catholique, apostolique et romaine. Le Roi repartit qu'il désirait faire venir un de ses rabbins pour disputer de la foi avec eux. Le Père répondit que ce lui serait une faveur singulière, et qu'il n'avait point de désir plus pressant que d'en venir là, en la présence de Sa Majesté, pour lui faire connaître la vérité de la foi chrétienne. Il s'offrit d'entrer dans le feu pour maintenir sa créance.

Il le pria d'assembler les plus savants de son royaume, assurant que Sa Majesté en verrait une glorieuse issue, avantageuse à notre religion.

Cette fervente proposition est dans les mémoires d'un homme d'honneur, qui l'avait apprise, sur les lieux, des esclaves enfermés avec les Pères.

Le Roi ne refusa point ces offres; il témoigna les agréer, assurant qu'il y aviserait; et cependant il lui fit étendre un côté de son manteau, dans lequel il jeta son présent pour l'aider à vivre en attendant son rachat, et commanda qu'on le ramenât en prison. Quant à la dispute, le Roi en fut diverti par ceux de son conseil.

Ainsi, ces Pères furent privés de l'espérance qu'ils avaient conçue, de faire ou d'endurer quelque chose pour la gloire de Dieu et le salut de ces infidèles. Pour l'argent, ils le déposèrent entre les mains de quelqu'un qui le garda, pour en acheter ce que le Révérend Père Michel lui ordonnait, selon le besoin de tous leurs compagnons en général, et, en particulier, de ceux qui étaient en plus grande nécessité.

CHAPITRE XI.

Alternatives de bonté et de cruauté chez l'Empereur expliquées par son penchant à l'ivrognerie. Il assassine de sa main un de ses parents, et veut tuer de même les missionnaires. Menaces de persécution; trahison de faux frères; contagion; imminence du martyre. Lettres des missionnaires (1628).

La condition des hommes est étrange, qui rend les rois sujets à des faiblesses, aussi bien que les moindres : en voici une bien sensible. Ce prince était fort ivrogne et, dans son ivresse, il commettait des cruautés de toute sorte, dont il était déplaisant après le mal passé. Une nuit, en ce honteux état, il sortit de son palais, suivi de quelques rénégats, compagnons ordinaires de ses débauches. Il s'en alla à l'hôtel de l'un de ses parents, et, l'ayant fait appeler, il le tua de sang-froid, le laissa ainsi étendu mort sur le seuil de la porte, puis se rendit à la prison des Pères, les fit appeler pour leur en faire autant, comme il est à croire; mais le concierge, voyant le Roi en si mauvais état, craignant plus son propre péril que celui des bons religieux, ne répondit point, et le Roi, contre son humeur ordinaire, qui le rendait opiniâtre à tout ce qu'il entreprenait, changea d'opinion en un instant, et s'en retourna sans répliquer. Ce fut un effet de la divine Providence, qui ne permit pas que ces bons Pères mourussent encore, leur présence étant nécessaire pour le maintien des esclaves.

La bonne odeur de leur vie n'était pas seulement ressentie des chrétiens, mais, comme un baume précieux, elle s'étendait jusques entre ces barbares, qui, en leurs plus grandes afflictions et autres nécessités, se faisaient recommander à leurs prières. La mère même de celui qui succéda à Abdelmelech le fit ; il est vrai qu'elle avait connaissance de notre religion, étant l'une des Mauresques chassées d'Espagne.

Sans faire de réflexions sur la honte et le blâme que méritait ce prince pour ses débauches excessives (aussi n'est-ce pas mon dessein), je dirai que c'était grand dommage qu'il fût sujet à ce défaut. Il avait une haute estime de Louis le Juste, tant pour sa piété que pour sa valeur, et, par inclination, il le préférait à tous les monarques de l'Europe. Aussi était-il lui-même vaillant, généreux, et redouté par toute la côte de Barbarie : il tenait lors la campagne, pour empêcher les soulèvements et les révoltes des mutins.

Le cinquième mai (1628), un vaisseau de Marseille partit du port. Ce fut la première occasion qui se présenta après ces bonnes et mauvaises aventures. Les Pères s'en servirent pour donner les avis nécessaires au Révérend Père Joseph, afin de l'obliger à redoubler ses soins pour l'achèvement de la négociation commencée. Ils l'assuraient de la bonne volonté du Roi, prouvée par les effets susdits, et disaient que Dieu leur avait envoyé ce secours par une espèce de miracle, alors qu'ils étaient tous à l'extrémité.

Il est vrai que cette aide leur servit à tous, non pas pour mettre fin à leur misère ; mais ces pauvres captifs en reçurent quelque répit, pour attendre avec moins d'inquiétude et plus de tranquillité d'être rédimés de cette vexation. Et, à vrai dire, il était bien à craindre qu'après ce calme (car l'accident de la nuit ne l'avait qu'interrompu) le Roi n'excitât en effet un furieux orage, si l'année se passait sans que l'on effectuât une chose tant de fois promise et si longtemps attendue : on sait assez qu'une patience irritée se change en fureur.

La nature, en ces pauvres captifs, affaiblie de tant de peines, ne put plus résister ; elle succomba enfin aux mauvaises humeurs amassées de si longtemps, qui, fortifiées par la corruption de l'air, firent une révolte entre elles. En un mot, la maladie se mit dans ce petit troupeau, et augmenta leurs autres incommodités. Il en mourut quatre, entre lesquels était le sieur d'Aunay, de Paris, et une partie de ceux qui restèrent furent aussi malades. Cela servit de nouvel exercice à la charité et à la patience de ces Pères. Mais le pis est, que les esclaves de la grande cézenne n'avaient pas moins besoin de leur secours que ceux-ci, et n'en pouvaient recevoir, n'étant permis aux Pères de les visiter, sinon rarement et encore avec de l'argent. Aussi étaient-ils tellement désespérés, qu'il n'y avait aucune raison capable de les remettre. C'était pitié de connaître en détail leurs misères ; ces Pères ne les osaient exprimer dans leurs lettres, crainte qu'on ne les crût exagérées.

Au commencement du mois d'août (1628), en la saison plus échauffée de l'an, la colère du Roi de

Maroc commença d'être émue, portant avec grande impatience le retardement qu'on causait à sa satisfaction. Il résolut de faire maures tous les chrétiens captifs, ou de les faire mourir. Voilà enfin l'heure funeste de leur attente !

Je laisse à penser si cette nouvelle fut agréable à ces deux véritables serviteurs de Dieu, et à ceux qui avaient juré de mourir avec eux pour le soutien de leur créance en Dieu, et combien elle affligea ceux qui cherchaient toutes les occasions pour sortir de leur misérable captivité. Néanmoins, les uns et les autres furent trompés ; ce dessein ne réussit pas pour lors, le Roi étant contraint de retourner promptement à son armée, presque au même temps qu'il eut conçu cette résolution.

Ces changements les faisaient toujours tenir en cette attente, n'y ayant de loi en ce pays que la volonté du prince ; jamais aucun des siens, si favori qu'il soit, n'a assez de hardiesse pour le contredire.

En ce temps, un chrétien, désespéré de se voir si longtemps captif, proposa de faire enfin banqueroute à Dieu par celle de sa créance, pensant trouver plus de plaisir et d'utilité en la secte de Mahomet qu'en la vraie religion dans laquelle il avait été élevé. Dieu, qui veille au salut des âmes, qui n'en souffre la perte sans regret, et tâche de les ramener dans le droit chemin de la pénitence, permit que cette lâcheté fût connue du Révérend Père Pierre. Comme il était prudent, il se servit d'une grande adresse pour anéantir le dessein pernicieux de ce misérable. Mais, au lieu de tirer avantage des saintes inventions de ce bon Père, comme l'araignée convertit tout ce qu'elle mange en venin, il se laissa de sorte posséder de rage, qu'il résolut de chercher le moyen de le faire mourir.

Ta demeure est au milieu de la tromperie; ils ont par fraude refusé de me connaître[1]. C'est le reproche de Dieu aux mauvais, comme était celui duquel nous parlons. Ce que j'avoue de plus étrange, fut qu'il inventa des impostures exécrables contre le Père, afin de pouvoir achever son malheureux projet avec plus de liberté. Voilà le procédé ordinaire des âmes criminelles, que le Saint-Esprit a fait décrire au Sage il y a longtemps : *Décevons donc le juste, car il nous est inutile, contraire à nos œuvres; il nous reproche les péchés de la Loi, et blâme en nous les péchés de notre façon de vivre*[2].

L'exécution de ce mauvais projet lui était d'autant plus aisée qu'était grande sa malice, aidée de ce qu'en ce pays il n'y a point de justice pour examiner avec formes la vérité, et la séparer du mensonge. Le premier qui se plaint gagne sa cause, et ainsi l'accusé est condamné sans autre preuve, coupable ou non. Dieu, qui est protecteur fidèle de l'innocence, conserva celle de ce bon Père, que l'on prétendait injustement opprimer, lui qui s'engageait si avant dans les intérêts de sa gloire : par un effet illustre du ressort de sa puissance, il le soutint comme un ouvrage digne de sa droite. Sur le point que ce mauvais homme devait donner l'éclat à sa conspiration, Dieu ouvrit les yeux de son âme, à ce qu'à la faveur de sa lumière il reconnût sa faute; son cœur fut frappé du regret de l'avoir jamais conçue, et ce coup

[1] Jérémie, IX, 6.
[2] Sagesse, II. 12.

fit sortir des larmes de ses yeux, comme Moïse l'eau d'une pierre dure frappée de sa verge.

Cet homme ne fut pas l'unique en ce genre de malice ; plusieurs autres sont allés même plus avant. Je n'ose dire le reste ; je me contente de ce que j'en ai avancé. Mais enfin la Providence divine y a toujours remédié d'une façon admirable, ce qui a servi de sujet à ce grand religieux de redoubler la confiance qu'il avait en Dieu. Quoique je n'aie produit qu'un exemple, qui touche seulement le Révérend Père Pierre, si est-ce que mes mémoires disent en général qu'en d'autres occasions tous deux ensemble ont souffert des maux extrêmes, par la malice des hommes et l'invention du diable.

Ainsi affermis, ils ne craignaient pas les orages qui choquaient leurs intérêts ; mais leur plus sensible déplaisir était le péril imminent de l'apostasie des chrétiens, et entre autres des Français. Quantité de ceux-ci, même de l'équipage de Monsieur le Commandeur, se rendirent enfin maures à la moindre semonce qu'on leur en fit de la part du Roi. Ainsi arriva ce que les Pères craignaient tant : voilà le peu d'assurance qu'il y a aux paroles des hommes ; voilà la faiblesse de leur esprit, et jusques où va l'excès de l'amour-propre. Je ne puis donner à connaître le zèle, à ce propos, de ces excellents religieux mieux que par eux-mêmes ; et si je ne le produis pas autant de fois que j'en rencontre les éclats, au moins je le donne à reprises, à mesure que les nouveaux sujets m'y engagent. Voici ce qu'écrivait en ce temps le Révérend Père Pierre, pour eux deux :

« Nous ne doutons pas que Votre Révérence, toujours pleine de charité, ne fasse par delà tout ce qui se peut pour l'avancement de notre liberté; mais nous croyons assez qu'elle n'est pas secondée par ceux qui adorent le siècle parmi tous les malheurs qu'il traîne. Il faut reconnaître et adorer les secrets jugements de Dieu, qui permettent que nous soyons enveloppés en de si grandes difficultés, qui, dans l'apparence, n'ont aucun remède, afin que sa divine main ait tout l'honneur d'avoir dissipé en son temps un nombre si grand d'obstacles, qui s'opposent au dessein que nous avons de le faire connaître et servir en ce pays. Certainement, nous ne saurions assez le remercier de la grâce qu'il nous fait, en nous augmentant la patience à mesure qu'il accroît nos souffrances, de la continuation desquelles nous tirons ces insignes avantages, que désormais nous ne redoutons aucun effet du ciel ni de la terre, et nous espérons, s'il plaît à Notre-Seigneur, prolonger notre vie pour lui rendre quelques services agréables en la conversion des âmes. Les longs travaux où nous avons été abîmés depuis tant d'années, nous rendront tout autrement disposés à l'exécution magnanime de ses plus hautes volontés, que n'eussions été si sa providence eût ordonné les choses selon notre propre sens. En cette assurance, nous supplions votre amour paternel de se consoler abondamment sur nos peines; car, ou nous mourrons glorieusement pour Notre-Seigneur, ou, si nous sortons un jour de cette captivité, vous aurez des courages affermis dans le feu de la tribulation, et lesquels, moyennant la grâce de Dieu, vous pourrez employer confidemment en l'œuvre de notre cher Maître Jésus. »

Si ces deux cœurs brûlaient de l'ardeur d'un même zèle, je ne crois pas me tromper quand je dirai qu'au moins je vois plus de flammes sortir de celui du Révérend Père Pierre. En confirmation de quoi, je mettrai encore ici ce qu'il écrivait sur le même sujet au Révérend Père Jérôme de La Flèche, alors Provincial des Capucins de Touraine.

« Ainsi, vous pouvez croire que nos pauvres cœurs ne sont qu'un océan d'amertume, où toutes les afflictions d'autrui se viennent rendre, comme autant de ruisseaux et de rivières, qui nous font éprouver en quelque façon combien immense était la douleur de celui dont il est dit : *Verè languores nostros ipse tulit, et dolores nostros ipse portavit*[1]. Nous avouons néanmoins, mon cher Père, à la louange de la divine bonté, que parmi tant de travaux et d'amertumes, *non deficimus, sed licet is qui foris est noster homo corrumpatur, tamen is qui intus est renovatur de die in diem*[2]. Et en vérité, nous surabondons de joie, de fermeté, de courage, pour souffrir non seulement ce moment de peines présentes, mais tous les enfers, non pour un million de siècles, mais pour un million d'éternités, s'il était besoin pour la gloire de notre cher Maître et le salut des âmes. O mon Père, que nous avons trouvé d'admirables secrets en la croix vive sur laquelle nous sommes attachés par les amoureux jugements de notre bon Dieu ! Certainement, je le dirai encore et le dirai à jamais, il me semble que j'étais perdu, si

[1] Isaïe, LIII, 4.
[2] II Corinthiens, IV, 16.

je n'eusse été crucifié ! Il ne nous reste qu'un point pour comble de nos contentements, c'est la conversion de tant de pauvres âmes qui languissent sous la tyrannie du diable : je vous les recommande de tout mon cœur, et à toutes les âmes que vous savez être spécialement aimées de Notre-Seigneur, etc. »

J'ai rencontré une lettre du 26 d'août de cette année (1628), qu'il écrivait à Monsieur le chevalier, dans laquelle il prédit sa mort prochaine en termes exprès, l'assurant que l'hiver suivant ne passera pas qu'il ne meure avec ses compagnons, et dit que, si quelqu'un réchappe, ce sera par une fort spéciale providence de Dieu. Comme de vrai il est arrivé, et il semble que Dieu n'en ait conservé ce peu, sinon pour faire connaître la vertu excellente de ces nouveaux apôtres d'Afrique.

Le Révérend Père Michel écrivit aussi le même au Révérend Père Joseph, parce que, animés d'une ferveur pareille, ils avaient un sentiment semblable et une même connaissance. Voici ce qu'il mande :

« Vous pouvez vous consoler en Notre-Seigneur d'avoir en Barbarie deux enfants qui, moyennant la grâce de Dieu, ne dégénèreront jamais de leur condition, encore que Satan et tout l'enfer ensemble vomissent contre nous leur rage. Voici peut-être les dernières lettres que jamais vous recevrez de nous; car, après plusieurs épreuves que notre bon Dieu a voulu faire de nous en ces quatre années de dure captivité, il s'en prépare une non moindre que toutes les précédentes ensemble, que j'espère se devoir terminer en la glorieuse couronne du martyre. C'est ce qui me fait dire avec le prince David : *Lætati sumus pro diebus quibus nos humiliasti, annis quibus vidimus mala*[1]. »

[1] Psaume LXXXIX, 15.

CHAPITRE XII.

L'Empereur, impatient du silence du Roi de France, projette d'obliger tous les esclaves à l'apostasie. Courage et travaux des missionnaires pour soutenir leurs compagnons de captivité. Désespoir et faiblesse de plusieurs de ceux-ci. Les Pères insistent auprès du Père Joseph, pour qu'il obtienne l'envoi d'une ambassade, à défaut de laquelle ils croient leur martyre certain et prochain. Leurs adieux (1628).

Le Roi de Maroc se lassa de tant de remises et de promesses sans effet. Il n'avait point reçu de lettres ni du Roi ni de Monsieur le chevalier, sinon celle qui arriva pendant la maladie mortelle de son père, et laquelle, par malheur, fut inutile à cause de cette mort et parce que, à son avènement à la couronne, il eut des affaires qui lui en empêchèrent le souvenir. De sorte que ce jeune prince, plein d'honneur et de courage, crut que les espérances desquelles ces bons Pères l'avaient entretenu si longtemps choquaient l'un et l'autre, et, dans ce sentiment, il protesta à l'un de ses mignons qu'il en voulait voir une fin, faisant tous les chrétiens maures.

Il est certain qu'il n'y eût pas eu grand'peine en plusieurs, lesquels y avaient de la disposition, étant lassés d'attendre une liberté imaginaire, et croyant la rendre véritable par ce moyen. Beaucoup d'entre eux, piqués contre ces bons Pères, menaçaient de les perdre en les enveloppant dedans leur propre ruine, comme Samson fit ses ennemis, pour les avoir abusés, disaient-ils, par des espérances vaines.

Après tout, la constance de ces esprits apostoliques n'en était point ébranlée; ils n'étaient pas moins soigneux de veiller sur leur troupeau, crainte qu'en effet il ne s'égarât quelque brebis. Souvent, on dit beaucoup de choses qu'on ne voudrait pas exécuter; la violence du mal relâche les sentiments du cœur, malgré la raison, et comme la surprenant : la faiblesse de l'esprit humain contribue beaucoup à ce malheur. Pour ce qui regarde ces Pères, quand je n'aurais autre preuve de leur vertu que cette fermeté d'esprit à continuer leurs soins pour ces ingrats, elle me serait en grande considération; car, qui n'expérimente souvent que faute de résolution beaucoup de bien ne se fait, et qu'on se décourage aux premières oppositions? Ainsi, ce qui devrait servir de matière à la vertu, l'étouffe : ce sont de belles fleurs qui ne donneront jamais de fruit, parce qu'elles périssent dans le point de leur naissance.

Mais ces deux esprits généreux s'affermissaient dans les épreuves. Leur patience a plus paru dans les rencontres qui l'ont voulu abattre, et l'ingratitude a fait redoubler leurs services. Plus ils ont reconnu de faiblesse dans la vertu, plus ils ont travaillé pour la fortifier. Ils ont vaincu la malice par leur fermeté, et leurs soins en ont éludé les artifices.

Ils ne les épargnèrent pas pour surprendre les lettres que quelques captifs écrivaient pour se déclarer maures, et ils empêchaient, par leurs amis, que le Roi n'en eût la connaissance. Cela leur réussit avec grand heur plusieurs fois, Dieu bénissant leur dessein, qui n'avait d'autre principe sinon la charité. Ils l'eussent toujours continué, si le Roi, de son mouvement, ne se fût avisé de mander les captifs l'un après l'autre, ce qui fit résoudre ces bons Pères à lever les yeux et les mains au ciel par continuelles et ferventes oraisons, pour recommander à Dieu la nécessité, qui était présente et pressante, de tant d'âmes en péril d'un naufrage éternel. *O Dieu des armées, tournez votre visage; regardez du ciel, et voyez,* disaient-ils avec le saint Roi; *visitez de votre grâce cette vigne affligée, achevez en elle ce que vous y avez commencé quand votre dextre l'a plantée. Le sanglier de la forêt la va gâter, et la bête furieuse et sauvage continue de la ronger*[1]. Je ne poursuis pas le reste de leur ferveur, que Dieu seul a connue, et que l'on peut conjecturer par les marques de leur piété.

Ce n'est pas sans sujet, comme on peut connaître, qu'ils avaient tant sollicité pour l'envoi de Monsieur le Commandeur ou de quelque autre, ou à tout le moins d'une lettre de Sa Majesté pour le Roi de Maroc en faveur des chrétiens; car, outre qu'ils remarquaient en ce prince les dispositions qui eussent rendu le traité de paix plus facile, les misères se multipliaient en ces pauvres captifs; et, pource que les habitants de ces côtes les crurent abandonnés de tous, chacun se retira d'eux, et les marchands chrétiens, qui quelquefois les avaient aidés, refusèrent

[1] Psaume LXXIX, 14, 15, 16.

depuis de les secourir. Les Pères mêmes, et les gentilshommes qui restaient, perdirent leur crédit; on ne leur voulut plus rien avancer, voyant leur liberté désespérée, aussi bien que le retour de Monsieur le chevalier. Ceux qui étaient en avance ne pouvaient être remboursés, et ces plaintes retenaient les autres de s'y engager. Et, pource que les Pères ne recevaient aucune nouvelle de France, que l'on savait être en guerre, ils la jugeaient en mauvais état, vu qu'on n'en mandait rien, croyant bien assurément que, si elle eût été en prospérité, on l'aurait publié.

Le Roi de Maroc était, ce mois d'août (1628), en la campagne, vers Saffi, près l'île de Mogador, en dessein d'y faire un port qu'il prétendait fortifier. On tira trente chrétiens de la cézenne pour les y conduire, afin d'y travailler. Ces pieux Pères appréhendaient bien fort qu'au retour de là il n'exécutât sur les chrétiens ce que les occasions pressantes de son État l'avaient obligé de différer. Il est vrai que, si Monsieur le Commandeur fût lors arrivé à cette côte, tandis que le Roi était si proche de la mer, il eût encore remporté une heureuse et prompte issue de son traité.

Les frères de ce prince, avec les mécontents, pensaient, à son nouvel avènement, lui donner de la peine; mais il les rangea et se fit rendre obéissance de tous ses sujets. Cela leur imprima le respect et la crainte, de sorte qu'il était redoutable par tout son royaume, et régnait en grande paix avec beaucoup de douceur. Il était fort civil, et ne voulait être vaincu en courtoisie; aussi est-ce le sujet que les Pères avaient de faire instance pour obtenir une lettre de Sa Majesté Très-Chrétienne.

Une puissance irritée est redoutable. Les rois sont comme les foudres, qui n'emploient leurs efforts que contre les corps qui leur font de la résistance, et se contentent de toucher ceux qui fléchissent sous leur pouvoir. Ainsi, Esther baisa l'extrémité du sceptre d'Assuérus.

Le monarque Africain fit avouer cette première vérité; car enfin sa patience fut lassée par quatre années d'attente. Croyant que son honneur était blessé par un manque notable et public de parole, il se résolut, au retour de ce voyage, de faire maures, comme j'ai dit, tous les chrétiens esclaves, ou de les faire cruellement mourir. De quoi les Pères furent avertis.

Si ces nouvelles leur touchèrent encore le cœur, je le laisse à penser. Comme des esclaves à qui on donne la liberté, en rompant les liens et les cordages; comme des victorieux auxquels on prépare des palmes; comme des malheureux à qui on offre de la gloire; comme des ouvriers fidèles, à qui on veut donner la récompense de leurs travaux à la fin de la journée; comme des enfants légitimes de Saint-François, à qui se présentent des souffrances; et comme des disciples de Jésus-Christ, à qui on offre les croix et la mort, ils remercièrent le Seigneur.

Ils jugèrent qu'il était à propos de faire passer la mer à leur joie, donnant avis du sujet qu'ils en avaient, premièrement au Révérend Père Joseph qui, en qualité de commissaire apostolique des missions étrangères, les avait envoyés; ce qu'ils firent par une lettre du 3 octobre, quatre ans après leur arrivée en ce pays-là. Elle est signée des deux Pères, ce qu'ils n'avaient encore fait : c'était un présage de leur prochaine union dans le ciel.

J'en propose la copie tout entière, que j'ai prise dessus l'original, comme j'ai fait des autres :

« Mon Révérend et très Magnanime Père,

» Je regrette en mon cœur de vous importuner par tant de lettres, et, sans mentir, si la nécessité ne forçait la loi en ce point, je ne consentirais pas à cette importunité. Nous sommes travaillés plus que jamais, et certes, si nous voulions croire nos sens, il nous ennuierait de vivre. Les malheurs que j'ai prévus de si longtemps, et contre lesquels j'ai tant de fois invoqué en vain le secours de la France, sont enfin tombés dessus nos têtes. Le lion est entré dans notre bercail : il déchire cruellement les âmes ; rien ne s'oppose à sa violence. La faiblesse des chrétiens cède à la moindre menace; on ne voit que regrets. Au moins si nous pouvions voir en face cette bête sauvage, peut-être dompterions-nous sa fureur par le pouvoir de la divine raison, ou par la magnanime effusion de notre sang; mais, hélas! nous sommes arrêtés dans une étroite prison, d'où l'on ne peut entendre nos soupirs et nos cris. Nos écrits ne peuvent rien répliquer à la terreur des tourments présents : il serait besoin d'animer ces petits courages par notre exemple, ou au moins par notre vive voix ; mais les jugements de Dieu, qui nous tiennent si serrés dans nos liens, ne nous ont permis jusques ici de pouvoir satisfaire selon nos désirs ni à l'un ni à l'autre. J'espère, néanmoins, que bientôt nous accomplirons tous les deux notre sacrifice, étant déjà condamnés, ce dit-on, à mourir ou à renier la foi. Quelques-uns de nos compagnons, qui servent le Roi en son armée, nous ont mandé que cela est arrêté, et que nous préparions les courages de ceux qui sont avec nous, pour soutenir vaillamment un si grand assaut. Grâces à Dieu, cet arrêt a redoublé à l'infini l'ardeur des désirs que nous avons toujours eus de sacrifier notre sang à Jésus-Christ, notre très aimé et honoré Seigneur. J'espère que sa bonté fera triompher notre foi de toute sorte de tourments, et, pour vous dire en un mot notre sentiment, c'est que notre cœur est tellement plein de joie depuis qu'avons entendu ces sanglantes nouvelles, qu'à grand'peine peut-il demeurer en lui-même. Quelques nombres de captifs qui vivent avec nous participent à cette joie; plaise à Dieu que leur constance soit la couronne de tant de travaux que nous avons soufferts pour les élever en l'esprit de Notre-Seigneur! Pourvu qu'ils ne démentent nos instructions et les promesses qu'ils nous font d'être fidèles jusques à la fin, nous sommes trop contents.

» Pour vous, mon Révérend Père, qui nous avez plantés dans le paradis de la Religion séraphique, et arrosés soigneusement avec les eaux vives de votre doctrine et de vos saints exemples, vous devez prendre part plus particulière qu'aucun en notre surabondante consolation. Et, véritablement, je confesse qu'après l'intérêt de la gloire de Jésus, à laquelle nous espérons contribuer par notre généreuse mort, il n'y a rien qui me réjouisse plus, que de croire que votre amour paternel sera merveilleusement content et satisfait de voir le fruit de vos chères plantes.

» Or, quoique, par la grâce de Dieu, nous soyons

armés d'un courage non pareil pour vaincre tous les tourments de la terre et des enfers, nous confessons pourtant en toute humilité *quod habemus thesaurum istum in vasis fictilibus, ut sublimitas sit virtutis Dei, et non ex nobis*[1]. Et, en cette sincère confession, nous invoquons de tout notre cœur l'assistance de vos prières et de tous les Frères de la province, comme aussi de toutes nos bonnes Sœurs du Calvaire, afin qu'aidés par de si puissantes intercessions, nous puissions accomplir heureusement le sacrifice de nos vies, que nous offrons incessamment à notre Créateur et Sauveur.

» Adieu donc, mon Révérend et très aimé Père : je crois que celle-ci sera la dernière que nous vous écrirons, selon le bruit qui court. Recevez-la, s'il vous plait, comme un testament inviolable de notre fidélité envers notre bon Maitre Jésus; testament qui prendra bientôt sa valeur par notre mort sanglante, laquelle nous attendons avec un cœur avide, et plus avide infiniment que n'a jamais été celui d'aucun avare pour la possession de son or. Dieu soit loué, que nous ne parlons pas en l'air, mais avec connaissance et vérité!

» Quant au reste, je ne saurais que vous dire pour ce qui touche les moyens que l'on doit tenir en France pour notre liberté; car vous convier à la prompte exécution des promesses déjà faites et renouvelées chaque année, peut-être serait-ce chose inutile après notre mort. Vous dissuader aussi absolument de vous employer davantage à nos libertés, peut-être serait-ce contre la prudence, ne sachant

[1] II. Corinthiens, IV, 7.

pas si la providence de Dieu dissipera encore cette fois l'impatience et la fureur du Roi de Maroc, pour nous réserver à d'autres occasions pour son service. Joint aussi qu'encore que fussions morts, il restera toujours beaucoup d'autres pauvres Français à qui on fera une insigne charité de procurer leur liberté par la paix. Faites donc en cela tout ce que le Saint-Esprit vous inspirera. Pour nous, nous voulons désormais être aveugles, voire insensibles à tout ce qui ne sera point Dieu, ne nous réservant autre soin que de souffrir et mourir amoureusement pour la gloire de son nom.

» Cependant, nous supplions sa bonté de répandre sur vous d'infinies bénédictions pour récompense des charitables soins qu'avez employés à imprimer l'esprit de notre Ordre dans nos cœurs, faveur que nous n'oublierons jamais, ni dans le temps ni dans l'éternité. Nous avons tous deux ce sentiment; mais, comme je dois à votre amour paternel plus qu'aucun de vos enfants, aussi les veux-je vaincre tous en affection filiale, et cette victoire est certainement un des principaux points d'honneur où je me glorifie.

» Adieu, encore une fois, mon magnanime Père! Permettez qu'en ce dernier adieu j'embrasse mille fois vos pieds et vos mains apostoliques, attendant que dans le ciel je prenne la hardiesse de caresser divinement cette bouche sacrée, qui m'a tant versé de feux d'amour dans le cœur par ses divins enseignements. J'en ressens maintenant les rares effets, qui auront bientôt, Dieu aidant, leur dernière perfection. Amen.

» Nous sommes pour jamais, mon Révérend Père,

vos très humbles et obéissants serviteurs en Notre-Seigneur.

» F. PIERRE d'Alençon, capucin indigne,

» F. MICHEL de Vezins, capucin indigne.

» De Maroc, ce 5 octobre 1628. »

Le Révérend Père Pierre écrivit une lettre pour son particulier au Révérend Père René d'Angers, qui avait été plusieurs années son gardien, en qui il avait une singulière confiance ; aussi était-ce un fort excellent Religieux, et d'une rare piété. Je ne donnerai qu'un échantillon de cette lettre, qui fera connaître ce que je viens d'avancer.

« Participez, s'il vous plait, comme mon père, au bonheur de votre fils, et si jamais vous l'avez aimé en Notre-Seigneur, témoignez-le par un emploi particulier de toutes vos puissances à louer et remercier son miséricordieux Seigneur de l'avoir conduit par tant de détours, et si fort inconnus à la prudence humaine, jusques à ce point tant désiré, et demandé avec tant de soupirs et de larmes. Vous savez, mon Révérend Père, mieux que personne (comme celui que la providence de Dieu m'a ordonné pour être le dépositaire de tous mes plus intimes et secrets mouvements) comme il a semblé maintes fois que le ciel et la terre fussent bandés contre l'accomplissement de ma vocation ; et néanmoins la douce main de Dieu a dissipé devant moi tous ces obstacles comme le soleil dissipe les ténèbres. Voire, pour faire davantage éclater les triomphes de sa puissance et de sa sagesse, il s'est servi de ces mêmes obstacles, ainsi que de rares moyens, pour me conduire à la possession de ma fin, je veux dire l'effusion de mon sang pour mon bien-aimé Sauveur. Or, soit loué à jamais son infini amour, qui n'a pu être éteint par mes longues ingratitudes! Soit louée à jamais son infinie miséricorde, qui a passé par-dessus toutes mes malices! Je conjure le ciel et la terre de se dissoudre en ses justes louanges. Pour moi, je me confesse vaincu. »

Le reste est de cet air; mais on se lasse de transcrire. Enfin, il lui demande pardon, lui dit le dernier adieu, et lui recommande le salut de deux sœurs religieuses, une qui était à Saint-Sulpice, à trois lieues de Rennes, en Bretagne, et l'autre à l'abbaye d'Argentan, en Normandie.

Il date une lettre deux jours après à Monsieur le chevalier de Razilly, pour lui faire aussi son adieu. Il l'assure que sa joie est redoublée par le courage que Dieu a donné au neveu de ce bon seigneur, et aux autres gentilshommes qui restent encore en vie dans la même prison, qui protestent ne rien faire d'indigne de leur sang et de leur créance, embrasés qu'ils sont du désir de souffrir le martyre; il promet qu'avec l'aide de Dieu les effets ne démentiront point leurs résolutions magnanimes.

Ce sont les fruits des labeurs et des exemples de ces deux excellents religieux, car cette jeunesse ne s'était pas embarquée à ce dessein; mais il n'appartient qu'à Dieu de changer les cœurs, et d'employer en d'illustres usages les vaisseaux destinés aux profanes. Ainsi, assure l'Apôtre, celui qui ne prête son oreille ni son cœur aux mauvaises doctrines, sera un vaisseau d'honneur, que la gloire remplira après la sanctification, et duquel le père de famille se servira selon sa volonté.

En même temps, il en écrivit à trois Pères Capucins avec lesquels il avait eu quelque amitié particulière, fondée sur la rencontre et l'uniformité de zèle pour même dessein. Il leur fait part de son allégresse, et dit adieu, les encourageant à persévérer dans la ferveur commencée, et leur parle avec grande franchise, animé qu'il est du zèle de la gloire de Dieu, de l'observance de sa règle, de l'honneur de sa religion, de laquelle il témoigne une haute estime, et se publie heureux d'avoir eu une si bonne mère, qui lui a fait acquérir tant de gloire. Il conclue par ces paroles ferventes de saint Paul : *Tempore accepto exaudivi te, et in die salutis audivi te. Ecce nunc tempus acceptabile, ecce nunc dies salutis*[1], etc.

[1] II Corinthiens, VI, 2.

CHAPITRE XIII.

Dépêches de France pour l'Empereur et pour les missionnaires. La peste envahit les prisons. Les Pères se dévouent au service des malades; ils convertissent beaucoup d'hérétiques et d'infidèles, et meurent dans cet exercice de charité. Une lumière miraculeuse apparait sur la dépouille mortelle du Père Pierre. Affliction des chrétiens esclaves. L'Empereur rend à la mémoire des missionnaires quelques honneurs, et les Arabes vénèrent leur sépulcre (1628-1629).

Ces deux braves champions de Jésus-Christ se préparaient donc pour se rendre dignes du bonheur auquel ils s'attendaient, et pour se faire connaître serviteurs véritables du Maître au service duquel ils faisaient gloire d'être enrôlés. Cette qualité leur donnait la hardiesse de dire, avec saint Paul, le vrai modèle des missionnaires : *Nous ne perdons jamais courage dans les tribulations; nous souffrons avec patience les rigueurs de la pauvreté, les angoisses d'esprit, les blessures du corps et les incommodités, la honte de la prison, et le péril des séditions populaires, que la prédication fait élever contre nous. Nous travaillons sans nous lasser, et ne nous ennuyons ni de veilles, ni de jeûnes*[1], etc.

[1] II Corinthiens, VI, 4.

A leurs mauvais repas ils ajoutaient l'abstinence et les oraisons ferventes et continuelles.

Dieu, qui les réservait à une autre sorte de martyre, permit que le Roi de Maroc n'exécutât pas sa résolution. Il n'en eut pas le temps commode; car, étant toujours empêché par son dessein de Saffi, il ne retourna à Maroc sinon au commencement de l'année suivante, et Dieu retira ces deux séraphiques Pères, ainsi que nous dirons, au mois de mars.

En décembre de cette année (1628), ils reçurent des nouvelles de France par une lettre du Révérend Père Joseph et une de Monsieur le chevalier, et, dans ce paquet, il y avait une dépêche de ce seigneur au Roi de Maroc. A l'ouverture, ils jugèrent le retardement de leur couronne. Ces lettres furent longtemps avant d'arriver; elles étaient des mois d'avril et de mai. Ils rendirent leurs compagnons esclaves participants de ces bonnes nouvelles, et les envoyèrent, avec la dépêche de Monsieur le Commandeur, à Sa Majesté, à Saffi, par un exprès, et en joignirent une de leur part. Le Roi commanda à son interprète de les translater toutes, afin de les considérer. Le Révérend Père Joseph écrivait aux marchands de Mazagan, afin de les disposer pour servir fidèlement au rachat des captifs, si d'aventure il arrivait qu'on fût obligé de les y employer.

Je n'ai rien trouvé, qui fût assuré, de ce que produisirent ces lettres en l'esprit du Roi barbare, et, en conséquence, quel soulagement les esclaves en reçurent. Je n'ai, aussi, pu savoir quand ce Roi retourna de son voyage, ni rien apprendre de la peste qui se rendit, cette année, universelle dans tout ce royaume, quoique j'aie deux lettres de ces

Pères, du 26 décembre (1628), qui assuraient seulement le Révérend Père Joseph et Monsieur le Commandeur de la réception de la dernière dépêche. Par icelles, je suis certain que le Roi était encore près de Saffi, et que la peste n'était pas dans leur prison.

Mais, par des conjectures que je tire des mémoires et des circonstances de leur mort, il faut croire que le Roi se rendit à Maroc au mois de janvier (1629), ou du moins à la fin de février, et qu'à son arrivée, son esprit étant adouci par l'espérance d'une paix future, que ces lettres lui promettaient en bref, il donna un peu plus de liberté à ces Pères. Ou bien, il faut juger que, la peste étant générale, les esclaves de la grande cézenne demandèrent ou achetèrent la liberté de pouvoir être secourus dans le péril de la mort où ils étaient tous réduits; parce que toutes les relations que j'ai de diverses personnes, en différents voyages, assurent qu'ils moururent de peste, que le Révérend Père Pierre prit le premier, assistant un Portugais esclave, qui en était malade. Et il est certain qu'il n'y avait dans leur prison que des Français de l'équipage de Monsieur le Commandeur. et encore en étaient-ils séparés, avec les gentilshommes qui avaient suivi ce généreux chevalier. Ce fut donc dans la grande cézenne, où en effet la peste était furieuse parmi ces captifs de différentes nations, que le Révérend Père Pierre fut frappé de ce mal en les assistant, comme assurent nos mémoires.

La peste suit de fort près la famine; aussi ne se faut-il pas étonner si elle parut dans ce royaume, où la faim, depuis deux ou trois ans, coupait tous les jours la gorge à plusieurs personnes. Elle y fut, de vrai, si furieuse, qu'elle fit mourir en un mois plus de cent mille Arabes, selon une relation; une autre en compte jusques à cent soixante mille et plus en un an, qui sont de grands nombres pour peu de temps et en petit espace, sans parler de ceux qu'elle avait chassés. Et après, qui s'étonnera de la savoir dans une prison où environ douze ou quinze cents esclaves chrétiens languissaient de faim, accablés de tant d'autres misères, dont la moindre pouvait attirer la peste. En effet, au commencement de cette année, elle prit possession de la grande cézenne, et, de prison de captifs, la changea en hôpital de pestiférés.

En cette calamité publique, la charité de ces bons Pères leur ouvrit le cœur pour voir que Dieu leur proposait, pour être martyrisés, un autre moyen que celui du bourreau. Ils s'engagèrent volontairement, par un généreux mouvement de la charité, entre ces pauvres chrétiens, sans s'épargner, offrant leurs vies, selon le conseil évangélique, pour le salut de leur prochain, avec tant de zèle, que, sans penser à leur conservation, ils rendaient à ces malades tous les offices de piété qu'ils pouvaient, aussi bien pour les corps que pour les âmes. Et, ce qui est admirable en leur charité, ils secouraient indifféremment tous les malades, les Arabes comme les chrétiens, et, au rapport du sieur Aliberque, marchand flamand résidant à Salé, ils convertirent beaucoup d'hérétiques et infidèles, et administrèrent à tous les saints sacrements. Cela donne sujet de croire que, ce mal étant si grand, chacun ne pensait plus qu'à se garantir par la fuite, et ils eurent, par ce moyen, la liberté d'aller par toute la ville chercher les malades pour l'exercice de leur charité et de leur zèle. Sans mentir, il n'était plus besoin de réserver pour la mort des personnes que la peste cherchait, et qui s'exposaient elles-mêmes dans des périls d'où il n'en échappe guère.

Enfin, le Révérend Père Pierre fut frappé en rendant à un chrétien Portugais les assistances nécessaires pour le salut de son âme et le soulagement de son corps. Après avoir résisté au mal quelque peu, la violence l'obligea d'y céder. Il s'alita et, peu après, il mourut, le 22 de mars (1629) ; le Révérend Père Michel, qui avait gagné le mal en le servant, ne vécut que cinq jours de plus. Ils étaient si fort unis en charité, qu'ils ne pouvaient être plus longtemps séparés ; et, d'autant que le sang de Jésus en sa croix était le ciment qui les avait joints ensemble dans le désir de partager ses souffrances, il ne permit pas qu'ils fussent séparés plus d'espace que celui de cinq jours, nombre qui est mystérieux en ce qu'il désigne la Passion du même Sauveur en ses cinq principales douleurs et plaies plus notables.

Mais aussi il était juste que la ferveur et la libéralité qui avaient eu plus d'éclat au Révérend Père Pierre, fussent récompensées de cette avance ; et je crois que la clarté qui parut sur la tête de ce grand serviteur de Dieu en expirant, était la marque glorieuse de ces avantages, comme celle de sa charité et de sa gloire. Cette clarté fut vue de grand nombre de personnes qui assistaient à sa mort ; elles en demeurèrent ravies. Depuis, on a su cette vérité par des personnes sans soupçon d'intérêt, et très sincères. Ainsi, je puis assurer que sa mort fut précieuse, puisque sa vie a été dans l'innocence, au moins depuis sa conversion.

Voilà donc ces deux hommes apostoliques morts. S'ils n'ont pas acquis la couronne du martyre par les supplices d'un tyran, comme ils avaient tant désiré, Dieu les a voulu enrichir de celle qui est due à ceux qui, par un excès de charité, exposent leur vie au service des pestiférés. Si saint Denis d'Alexandrie en est cru, cette sorte de mort ne cède en rien à la splendeur du martyre; et, comme nous avons dit, l'Église elle-même donne à ces personnes un rang honorable entre les martyrs, et leur en accorde l'auréole.

Le neveu de Monsieur le Commandeur, plusieurs autres gentilshommes et grande partie des esclaves Français, moururent aussi de ce mal en ce même temps, comme les enfants qui suivent leurs pères, les disciples leurs maîtres.

La mort de ces deux grands serviteurs de Dieu toucha d'une façon extraordinairement sensible le cœur de tous les captifs, et, chose assurée par un rapport fidèle, les pleurs et les soupirs furent publics dans toute cette affligée compagnie, pendant plusieurs heures. Cela continua longtemps et augmenta à mesure qu'ils étaient pressés de leurs besoins, manquant de ceux qui avaient soin d'y pourvoir. Ils perdaient ceux dont la présence leur était utile, et l'absence nuisible; ils se voyaient privés de consolation.

Non seulement les chrétiens et les esclaves ressentirent avec tendresse la mort de ces Pères, mais les Arabes. Le Roi lui-même en témoigna du regret, et, pour preuve, donna de l'argent aux chrétiens pour les faire enterrer avec le plus de solennité qui se pourrait, selon le lieu et la saison, dans le cimetière des chrétiens esclaves, où ils furent mis l'un près de l'autre.

Ce que je trouve digne de grande considération, est que les maures, aussi bien que les chrétiens, avaient leur sépulcre en vénération, y allaient souvent par dévotion, en prenaient de la terre pour la conserver.

Je n'ai point remarqué d'autre miracle que leur bonne vie, qui a servi si utilement à la conversion de tant d'âmes, et j'estime que c'est le plus grand et le plus authentique de ceux qui peuvent faire déclarer les hommes saints en ce monde, particulièrement quand l'approbation en est publique, et qu'elle est reçue de tous sans reproche, sans soupçon et sans contredit, comme celle de ces deux excellents religieux. Ainsi se faisaient les apothéoses dans la primitive Église, où la foi des fidèles avait plus de vigueur que n'en témoignent ceux d'aujourd'hui.

Cette créance est fondée en raison, et conforme au sentiment des Pères de l'Église, par qui le Saint-Esprit nous a rendus certains des vérités divines. Qu'on leur demande ce qu'il faut faire pour être saint, quelles merveilles et quels miracles il faut voir éclater dans les actions des hommes tandis qu'ils ont vécu en ce monde? Il est, sans doute, nécessaire que, d'un esprit entier, qui n'était point partagé, d'une foi ferme, d'un courage résolu, d'une charité parfaite, ils aient été disposés à tout ce que Dieu demandait d'eux. Et si, d'une fidélité inviolable, ils ont observé ses commandements; s'ils ont conservé l'innocence avec simplicité, l'union en charité, la modestie avec humilité; s'ils se sont acquittés de leurs emplois avec soin; s'ils ne se sont point abattus dans les travaux; s'ils n'ont point oublié la miséricorde pour le secours des pauvres; si leur constance a paru quand il a été question de défendre la vérité; si ponctuels en l'observance de leur règle, en sorte qu'il ne manquât chose aucune en eux qui pût servir à l'édification du prochain, après cela, avouons hautement que ceux-là ont été et sont véritablement des saints, ayant fait tant de merveilles. Ils sont déjà en possession de la gloire, et nous le reconnaissons avec certitude, même de foi, puisque la plupart des doctes nous ont laissés ces marques pour preuves infaillibles de leur sainteté. Qui fera réflexion sur ce qu'il a lu de la vie, des mœurs et de la conversation de ces Pères, reconnaitra sans peine qu'ils doivent en vérité passer pour saints, ayant suivi avec tant de perfection les traces de ceux qui le sont avec plus grande gloire.

Et si on ajoute ce qu'ils disent, qu'il n'y a point d'action en ce monde, pour relevée qu'elle soit, qui approche si fort l'homme de la ressemblance à la divinité, que de coopérer avec Dieu à l'avancement du salut des âmes, hé! que n'ont-ils point fait pour ce digne sujet! Combien de mers ont-ils passées! Quels maux ont-ils endurés! Que de prisons, que de chaînes, et le reste! Et puis enfin leur vie, qu'ils ont perdue en ce glorieux emploi! Je m'assure qu'après cela, sans scrupule, on les peut et doit reconnaitre pour saints.

Le Saint-Esprit déclare une différence notable, dès ce monde, entre les bons et les mauvais après leur mort. Le souvenir de ceux-ci passe comme un bruit qui ne laisse aucune trace, et on dirait que Dieu n'a d'attention que pour faire périr leur mémoire. Mais, pour celle des gens de bien, il lui donne une durée qui a du rapport avec son éternité par la longueur de sa suite; aussi est-ce l'éternité commencée. Et c'est une autre preuve de la sainteté de ces excellents hommes, puisque leur souvenir est en bénédiction[1].

J'avoue encore que je ne puis produire d'autres miracles, si est-ce qu'en vérité je ne saurais douter que Dieu n'en ait fait plusieurs par leurs intercessions et leurs mérites, vu la grande créance en laquelle ils étaient parmi ces peuples chrétiens et barbares. Et peut-être que le Révérend Père Pierre en a voulu toucher quelque chose, sous l'obscurité de ces paroles, qu'il a écrites dans une lettre :

« Je n'oserais vous dire ce que Dieu a opéré par nous en nos travaux; Dieu qui en a été l'auteur, le fera connaître quand il sera temps. »

J'ai emprunté de Virgile les vers qui suivent, pour servir d'éloge sur leurs tombeaux, au nom des chrétiens esclaves au royaume de Maroc en Afrique. Le titre en est commun; je laisse les vers pour chacun en particulier, comme le poëte les a donnés. Leurs corps reposent en deux fosses différentes, mais proches l'une de l'autre. Comme ils avaient été unis ensemble tandis qu'ils ont vécu, ainsi après leur mort ils ne devaient pas être éloignés.

[1] Nous estimons que l'auteur, dans cette attribution du mot *saints*, n'a pas entendu contrevenir aux décrets d'Urbain VIII. C'est avec la même réserve que nous le reproduisons.

GLORIOSIS PARENTIBUS SUIS
JAM AB UTROQUE CARCERE SOLUTIS,
ORBATI FILII,
ADHUC IN CATENA PRINCIPIS, ET IN ERGASTULO CORPORIS
DETENTI,
GEMENTES, POSUERUNT.

Hinc Drepani me portus et illætabilis ora
Accipit. Hic Pelagi tot tempestatibus actus,
Heu! genitorem omnis curæ casusque levamen
Amitto Anchisen. Hic me, Pater optime, fessum
Deseris! Heu! tantis nequicquam erepte periclis.
Nec vates Helenus, cum multa horrenda moneret,
Hos mihi prædixit luctus, non dira Celæno.
Hic labor extremus, longarum hæc meta viarum,
Hinc me digressum vestris Deus appulit oris.

Ou, si on les veut pour les deux en commun, les voici accommodés :

Hinc Afri nos portus et illætabilis ora
Accipit. Heic Pelagi tot tempestatibus actis,
Heu! Patres casus omnisque levamina curæ
Intereunt nostri; longo nos compede fessos
Dimittunt, tantis ereptos forte periclis.
Nec Di tot luctus cum multa horrenda monerent,
Hos nobis dixere pii, non tristia fata.
Hic labor extremus, longarum hæc meta viarum,
Hinc nos digressos vestris Deus appulit oris.

Sit vobis terrâ levis.

LE DEUXIÈME VOYAGE DE MAROC

EN AFRIQUE. (1629.)

CHAPITRE UNIQUE.

Le Père Joseph décide enfin la cour à envoyer à Maroc le Commandeur et trois missionnaires. Sa lettre à Monsieur de Razilly. Arrivée de l'expédition devant Salé, alors en rébellion. Conseils. Pourparlers avec le gouverneur. Frère Rodolphe envoyé à l'Empereur. Destruction d'une partie de la flotte de Salé. Mauvaise foi du gouverneur. Trêve avec lui. La flotte se rend à Saffi; les mauvais temps l'obligent à revenir en France (1629).

Dieu seul, comme tout-puissant, achève ses ouvrages en les commençant. On n'en aperçoit les ébauches ni les essais; ils paraissent accomplis aussitôt qu'il se met à les produire, car il n'y emploie ordinairement qu'un instant. Quand il créa le monde, ce fût sans délai, parce qu'auparavant il n'y avait point de sujet qui eût l'être ou la puissance de résister au décret de sa volonté. Mais l'homme, qui a peu de vigueur et beaucoup de défauts, ne peut produire qu'avec un grand secours; il a besoin de quantité de moyens, d'instruments, de dispositions; encore bien souvent ses grands desseins se voient avorter dans leur commencement, malgré tous les préparatifs : ce qui fait voir sa faiblesse et reconnaître une puissance au-dessus de la sienne, de qui dépend l'exécution de ses entreprises, et de laquelle il doit adorer les ordres avec respect et crainte, sans en connaître les raisons, encore qu'elles lui fassent prendre une route opposée à ses prévisions.

La suite de cette histoire, commençant par ce second voyage, fera avouer ces vérités chrétiennes dans son étendue.

Le Révérend Père Joseph ressentait au delà de ce qu'on en peut dire la captivité des chrétiens à Maroc, et surtout celle de ces excellents religieux, dont les peines lui tenaient le cœur pressé d'un extrême regret. N'eût été l'assurance de leur probité, et les preuves qu'il recevait de leur constance, je suis certain qu'il eût été inconsolable; mais la joie d'une si haute vertu soulageait son ennui. Il n'en disait pas moins, comme David pour Jonathas : *O mes frères si beaux en votre vie, et aimables par dessus l'amour des femmes, je ressens pour vous une grande douleur. Ainsi que la mère chérit son fils unique, de même je vous aime avec des tendresses incroyables.*[1]

Cette entreprise fut une de celles qui le firent résoudre à l'engagement de la cour; à peine lui laissait-elle un moment où il ne cherchât les moyens de lui faire prendre une issue avantageuse à la gloire de Dieu et à l'intérêt du royaume. Mais le malheur des révoltes obscurcit de telle sorte la majesté de la France, qu'elle fut vue à deux doigts de sa ruine.

[1] II Rois. I, 23-27

Les affaires y devinrent tellement compliquées, qu'il fut besoin que le Ciel envoyât son secours pour les développer. Le bon ange protecteur de la France ne put souffrir que l'on partageât l'autorit royale, image, en terre, du pouvoir que Dieu est si jaloux de conserver entier; il mena le Roi comme par la main, afin de vaincre avec gloire toutes ces difficultés, qui cédèrent à sa présence avec tant d'éclat, que ces combats ont paru des triomphes.

La ruine de Privas fut l'aurore du bonheur de ce royaume, et donna au Révérend Père Joseph l'espérance du progrès de son dessein; car dès lors il pressa Monsieur le cardinal de Richelieu, et, sur les apparences d'une tranquillité prochaine par les glorieuses victoires du Roi, il fut résolu au conseil que l'on retournerait à Maroc, afin d'en retirer par la douceur ou par la violence les chrétiens esclaves. Le Révérend Père Joseph, ayant fait connaitre au Roi, à son Éminence et au conseil la gloire d'une action si belle, dit que si, comme saint Louis, Sa Majesté ne pouvait attaquer l'ennemi du nom chrétien, au moins Elle retirât les sujets qu'il lui tenait esclaves, comme Elle avait vaincu ceux qui s'étaient élevés contre son autorité : ces deux actions sont les illustres marques d'un roi juste et Très Chrétien.

On délivra donc commission à Monsieur le Commandeur de Razilly pour faire le voyage à Maroc et aux côtes de Barbarie, en Afrique, avec une flotte considérable de sept grands vaisseaux armés en guerre et une patache, et on lui députa de vaillants capitaines pour les commander sous son autorité. Le Roi le fit amiral de cette expédition, et lui adjoignit Messieurs les chevaliers de Valesnes, des Roches, de Guitaud, et Messieurs de La Touche, du Chalard, Treillebois et de La Selle, tous résolus à bien servir, comme gens de cœur qu'ils sont, et bien équipés qu'ils étaient.

Après que Monsieur le Commandeur eût touché le reste de ses assignations, reçu ses ordres de la cour, et que tout fut en bon état, il partit avec sa flotte de la rivière de Seudre, près Brouage et Oléron, le 30 juin de cette année (1629), par la sollicitation du Révérend Père Joseph, qui était presque toujours avec Monsieur le Cardinal, par l'autorité duquel les officiers de la marine agissaient, vu sa qualité de surintendant général de la navigation et du commerce de France.

Cette petite armée portait un beau présent de la part du Roi de France à celui de Maroc, étant une coutume générale de ne point traiter avec les princes mahométans sans leur en offrir un. L'amiral avait ordre de renouveler la paix ancienne entre les deux couronnes, de rétablir le commerce, et de ramener les deux Pères Capucins et ceux de son précédent équipage, entre lesquels étaient son neveu, nombre d'autres gentilshommes, et plusieurs bons soldats et matelots, et ensuite tous les autres Français esclaves.

Voici la copie d'une lettre, entre plusieurs, que le Révérend Père Joseph écrivait du camp de devant Privas à Monsieur le Commandeur, avec la dépêche du Roi, le 24 mai.

« Monsieur,

» J'ai reçu trois de vos lettres, et me réjouis que vous ayez avec vous, pour votre voyage, les trois

Pères Capucins que vous me nommez. Vous recevrez, par celui qui vous rendra la présente, une commission de Monsieur le cardinal de Richelieu, grand-maître, chef et surintendant général de la navigation et du commerce de France, telle qu'il faut pour votre voyage de Maroc. Dieu l'a inspiré de se porter avec grande affection pour cette affaire, ce qui vous en doit faire espérer un heureux succès et une gloire non commune. On vous envoie aussi l'argent nécessaire pour le radoub et autres frais, et ne manquerai ensuite de vous assister ici de tout mon possible. Je vous supplie vous souvenir de ce que vous m'avez promis, qui est de suivre les bons avis de Monsieur du Chalard, selon même les intentions de Monseigneur le Cardinal, qui vous estimera d'autant plus, qu'il vous verra donner créance aux personnes capables et de mérite. Ne vous fâchez pas, si, comme votre sincère ami, je vous avertis que votre inclination à la très grande bonté a besoin de ceux qui vous en peuvent rendre sans vous faire tort. Considérez bien ensemble tout ce qui est de votre commission. Le dessein de Mogador, étant bien conduit, est celui seul qui peut avoir de la suite, et donner fondement et sûreté à plusieurs grandes choses, à quoi Monseigneur le Cardinal se porte constamment, et contribuer à tout ce qui sera auprès de Sa Majesté pour cette généreuse entreprise. Sur toute chose, ne vous laissez point divertir, par qui que ce soit, d'aller droit à Maroc, et ne perdez pas l'occasion que Notre-Seigneur vous met entre les mains. Ne vous fiez pas à ce roi barbare, que sous bon gage : c'est ce qui me fait priser le dessein de Mogador, que je tiens bien plus sûr que la parole du Maure. Je m'assure que vous aurez aussi grand soin de nos Pères, et que vous ferez estime de leurs avis. Vous leur donnerez ce paquet, s'il vous plait, car il y a des lettres pour nos chers et généreux Peres Pierre d'Alençon et Michel de Vezin, s'ils sont encore en vie. Ce sera bien fait de les retirer de leur captivité, pour leur donner un peu de repos. S'ils jugent pourtant à propos d'y demeurer, je m'en remets à vos avis communs, ce qu'il ne faut pas faire sans grande espérance de profit et sûreté. Que si on s'établit à Mogador, il est utile d'y mettre le Père Pierre pour supérieur, ayant grande expérience de ce pays-là, et peut beaucoup profiter, aux occasions, pour le soulagement et le salut des âmes abandonnées. Vous donnerez ordre qu'on leur porte ce qui est nécessaire pour remédier à leurs nécessités, y ayant longtemps qu'ils n'ont rien eu de France pour leurs vêtements et autres besoins. Écrivez-nous par les occasions qui se présenteront. La paix a été faite avec l'Angleterre le 20 de ce mois : prenez garde à ne la pas rompre, et à ne vous pas faire blâmer. La perfection de votre ouvrage serait, après avoir pris Mogador, de le faire trouver bon au Roi de Maroc, et qu'il l'agréât pour la sûreté du commerce, et lui faire voir le profit qui lui en arrivera pour la richesse et sûreté de ses États, apaisant sa colère par le présent que vous lui portez, qui fait voir que l'on ne va pas vers lui comme ennemi. Que si, pour cette heure, il ne le veut pas consentir, il le pourra faire après, par force ou par amour. Vous ferez bien d'épandre le bruit que vous n'allez pas à Maroc, pour prévenir les obstacles qui vous ont déjà fait tort. »

Pour donner au lecteur satisfaction entière, Mogador est une île, dans laquelle il y avait un fort. Elle est un peu avancée dans la mer en cette côte, et commande aux ports de Salé et de Saffi ; elle eût tenu ces barbares en leur devoir, et eût aidé au trafic, comme fait le bastion en la mer Méditerranée, proche d'Alger, se pouvant maintenir contre les ennemis et être secourue.

Cette armée arriva à la Mamore, terre de Barbarie, le 17 juillet. Après avoir mouillé à cette rade, Monsieur le Commandeur fit tirer le coup du signal, à ce que les capitaines se rendissent à son bord, qui était l'amiral, pour y tenir conseil, où les Pères Capucins Isidore de Baugé, Pacifique de Mazé et Colombin de Nantes, et Frère Rodolphe d'Angers, furent appelés. Il fut arrêté qu'on lèverait l'ancre pour mouiller à la rade de Salé, à une lieue près, afin de couper chemin aux vaisseaux qui voudraient gagner la barre, et mettre à raison ceux de cette ville, remplie de corsaires et de rebelles à leur roi, où était la plus grande partie des esclaves Français.

On écrivit aux gouverneurs de la ville et de la forteresse, pour leur faire savoir qu'on venait de la part de l'invincible Roi Très Chrétien, protecteur de l'Europe et monarque de France, afin de traiter d'affaires importantes avec le très puissant Molé Abdelmelech, roi de Maroc et empereur d'Afrique. On les priait de mander par quelle voie il fallait lui faire savoir la nouvelle de l'arrivée des Français, donnant parole que ceux qui leur seraient envoyés retourneraient en toute sûreté.

Les gouverneurs députèrent un marchand flamand,

duquel nous avons parlé, pour leur dire qu'ils étaient les bienvenus, comme dans Paris, et qu'à présent Salé était ennemie du Roi de Maroc et ne lui obéissait plus; que, pour les chrétiens esclaves, la peste avait fait mourir à Maroc cent soixante-seize mille quatre cents personnes de diverses nations, et que les deux Pères Capucins étaient morts au service des pestiférés, comme nous avons exprimé; que, dans le moment où le Père Pierre rendit l'âme, tous les esclaves et autres personnes présentes virent une clarté sur son chef, de quoi ils furent merveilleusement étonnés, et qu'on estimait les deux Pères saints comme des martyrs. Cette nouvelle tira les larmes des yeux de tous ceux qui les connaissaient, mais surtout de Monsieur le Commandeur, qui en ressentit un déplaisir extrême. Il l'assura aussi que son neveu et les autres gentilshommes étaient morts avec une grande connaissance du bonheur qu'ils recevaient par cette mort.

Sur les assurances de ces habitants, Monsieur le Commandeur prit sujet de leur mander que, puisqu'ils étaient indépendants, et par conséquent souverains, il traiterait avec eux de la paix au nom du Roi de France, pour rétablir le commerce qui a toujours été avec cette ville, et qu'il demandait les esclaves Français, avec promesse de leur rendre les Maures qui dépendraient d'eux et qui seraient en France.

On commença donc ensuite à traiter, et le sieur Mazet, consul des Français, qui était là comme prisonnier sur sa parole, vint à bord de l'amiral pour voir M. le Commandeur. Il lui dit aussi les malheurs arrivés à tous ceux de son équipage; qu'il ne restait plus que cent esclaves à Salé; que le Roi en avait quatre-vingts, et que quarante restaient ailleurs.

Tandis que l'on traitait avec les bourgeois de Salé, Monsieur le Chevalier commanda à trois de ses vaisseaux d'aller mouiller à Saffi, qui est le port de Maroc, afin de faire donner avis au Roi de son arrivée et de son dessein, lui demandant passe-port pour cela. Il fut jugé à propos de charger Frère Rodolphe, capucin, de cette commission, parce qu'il y avait de l'habitude, la facilité de la langue espagnole, et il avait été du premier voyage, quand les Français furent arrêtés. Monsieur le Commandeur donna une lettre de créance à ce bon religieux, dont la teneur était :

Comme il n'a pu retourner plus tôt, à cause des guerres que le roi de France a eues sur mer, dans lesquelles il a été employé, il est donc venu pour renouveler les anciennes alliances qui ont presque toujours été entre les rois de France et de Maroc, si Sa Majesté l'a agréable, comme il l'espère pour l'utilité commune des deux royaumes. Mais qu'il a appris la plus triste nouvelle qui lui pouvait arriver, la mort des deux Pères Capucins, de son neveu, et de la plus grande partie des gentilhommes et principaux Français de son équipage, et d'autres qui ont renoncé la foi chrétienne, ne restant plus que des misérables serviteurs, personnes sans conduite et sans autre recommandation que de la charité. Ce qui l'affligeait davantage, était qu'on l'avait assuré, en ces pays, qu'ils sont morts par les mauvais traitements qu'ils ont soufferts par l'ordre de Sa Majesté, qui est tout le contraire de ce qu'Elle avait assuré au

Roi son maître, promettant de ne pas les laisser manquer d'assistance; de sorte qu'il était comme au désespoir pour les justes et inévitables reproches que l'on lui ferait à son retour en France.

« Sans doute, continuait-il, Dieu sera irrité que ces pauvres Français aient été si maltraités, puisqu'ils en sont morts, vu qu'ils étaient venus avec toute franchise, et pleins de bonne volonté pour le service de l'Empereur, père de Votre Majesté, que j'ai servi au siège de Saffi. Votre Majesté considérera, s'il lui plait, que la paix lui apportera cent fois plus de profit en un an, pour la liberté du trafic en ses ports, que tout ce qu'elle pourrait retirer de la rançon de ces pauvres esclaves. Sur quoi, j'envoie vers Votre Majesté trois des plus légers vaisseaux de cette flotte, à la rade de Saffi, pour faire tenir la dépêche de mon Roi à Votre Majesté, et attendre à cette rade de Salé l'honneur de ses commandements, que je supplie très humblement nous envoyer au plus tôt, et commander à vos sujets d'assembler tous les Français qu'ils tiennent esclaves, soit dans la ville ou dans le pays, pour me les rendre avant mon départ de cette rade, ayant commandement du Roi mon maître, s'ils n'effectuent ceux de Votre Majesté en cette occasion, de les y forcer par toutes les voies possibles. Espérant de la générosité de Votre Majesté Impériale qu'elle donnera ce contentement à mon Roi, et la liberté aux Français qui restent en vie à Maroc et autres lieux de son pouvoir, et enverra le mémoire de leurs noms, et un passe-part pour Frère Rodolphe, capucin, qui ira porter la dépêche de mon Roi à Votre

Majesté. Et incontinent que j'aurai retiré les esclaves de Salé, j'irai à Saffi, ou autre lieu que Votre Majesté m'ordonnera, pour traiter de la paix et délivrer le présent que mon Roi envoie à Votre Majesté. »

Il écrivit aussi au Gouverneur de Saffi, pour contribuer à l'exécution de ce qu'il mandait au Roi. Cependant qu'il demeura à Salé, il fit beaucoup de mal à ces corsaires et rebelles. Il brûla l'amiral de leur flotte, monté de vingt pièces de canon; comme il voulait entrer dans le port, il le fit échouer. Il en prit quelques autres qui venaient des courses, et sauva nombre de Portugais et Espagnols, qu'il renvoya à Mamore et autres places de cette côte, qui sont à l'Espagne. En tous ses exploits, il ne perdit qu'un gentilhomme Breton fort vaillant, qui fut tué à un abordage, et deux ou trois personnes blessées légèrement. Les Gouverneurs de ces places lui renvoyèrent des compliments pour ses services, et des présents nécessaires sur mer, que l'on y appelle des rafraîchissements.

Les esclaves Français de Salé eurent permission d'écrire à Monsieur le Commandeur de Razilly, le suppliant, les larmes aux yeux, d'avoir égard à la misère extrême où Dieu permettait qu'ils fussent depuis longtemps, et qu'il considérât les maux inexplicables qu'ils appréhendaient de souffrir à l'avenir, ne leur étant pas possible de les lui spécifier par écrit, tant ils étaient grands, moins encore de les souffrir sans désespoir, la patience étant vaincue par la longueur du temps et par l'excès des peines; et, n'eût été l'espérance qu'ils mandaient avoir en la

Providence divine, qu'il moyennerait leur rachat, et établirait là une bonne paix, ils auraient cherché le moyen de trouver du repos. Voici une pièce de la lettre :

« Dieu vous ayant élu par ce grand Nestor du monde en ce siècle, notre bon Roi de France, à qui le Souverain Seigneur donne la félicité que lui souhaitent ses très humbles et très obéissants serviteurs et sujets, qui sommes environ cent-cinquante, tant ici qu'à la mer, en servitude, et serons obligés de prier Dieu pour votre prospérité et augmentation en la bonne grâce de ce magnanime Roi, comme père débonnaire, qui, par grande clémence et miséricorde, départ journellement ses libéralités pour ses vassaux, les mettant en liberté. »

Ce n'est pas la rareté de la pièce qui me la fait garantir du naufrage ; je veux seulement faire voir que la nécessité a produit, en de pauvres esclaves matelots, les mêmes effets que la Sapience, *qui ouvre la bouche des muets, et qui rend les langues des enfants éloquentes*[1]. Monsieur le Commandeur continuait à ruiner les vaisseaux de ceux de Salé. Il prit leur vice-amiral, du port de deux cents tonneaux ; il s'empara d'un autre navire, chargé d'armes, et d'un bâtiment turc. Voyant qu'il voulait ainsi les contraindre par force à lui rendre leurs esclaves, Messieurs les Andalous traitèrent plus mal ceux-ci, qui dès lors redoublèrent leurs lettres,

[1] Sagesse, x. 21.

pleines des sentiments de leurs besoins. Monsieur le Commandeur leur répondit ce qui suit :

« Mes chers amis, vous avez vu que j'ai été et j'ai envoyé plusieurs fois à la rade de Salé, et j'ai écrit à ces Messieurs le Gouverneur et Andalous grand nombre de lettres pour procurer votre liberté, laquelle je souhaite comme si c'était pour moi-même. Mais je vois que ces Messieurs ne tendent qu'à nous faire retarder, pour que, venant un mauvais temps, nos navires se perdent à leur rade, qui est très mauvaise, ayant déjà perdu nombre d'ancres et de câbles. J'ai fait au-delà de ma commission ; car j'avais ordre, au premier refus, de leur faire la guerre. Je vous puis assurer, sur mon honneur, que l'argent qui a été destiné pour le rachat des captifs Français, ne sera point diverti en autre chose, et on ne vous laissera pas dans la misère où vous êtes, car notre invincible Roi saura bien avoir raison de ceux qui l'offensent. Vous devez vous confier en sa bonté, qui fera qu'il y aura toujours un nombre de vaisseaux Français en ces côtes, pour obliger ceux de Salé au repentir de n'avoir entendu à mes propositions, qui n'ont pour but que votre liberté. Et si je pouvais vous racheter de mon sang, je le ferais de cœur et d'âme, sachant très bien les misères que vous endurez en ce pays de Barbarie. Mais ayez confiance en Dieu, qu'il nous donnera des moyens pour vous ravoir ; et, en ce qui dépend de mon pouvoir, je ne vous abandonnerai jamais. Ayez toujours l'amour de Dieu dans vos cœurs. Considérez que c'est peu de chose que cette vie, et qu'il faut que les Empereurs et les Rois meurent. Ainsi, nous autres pauvres misérables, ne devons avoir regret de perdre la vie corporelle, pour acquérir la spirituelle et maintenir l'honneur de Notre-Seigneur Jésus-Christ. Puisqu'il est mort pour nous, nous devons bien faire le même pour lui, et, vivant en cette résolution, nous sommes assurés d'obtenir la béatitude éternelle. Mais les lâches de cœur, qui sont si misérables de se faire rénégats, ne peuvent attendre que des peines qui n'auront point de fin, d'autant que Notre-Seigneur dit que quiconque le reniera devant les hommes, il le désavouera devant Dieu son Père. Donc, chers camarades, pour être bienheureux, observez les commandements de Dieu, et prenez vos peines en patience pour l'amour de lui et de Sa divine Majesté, qui ne vous abandonnera jamais. Ayez la charité les uns pour les autres, et supportez les infirmités de vos prochains, vous unissant ensemble en charité, et priez Dieu pour notre bon Roi, qui a tant soin de vous. Vous priant de m'aimer autant que je vous souhaite de bien..... »

Cette lettre aide fort à voir l'état des choses; mais elle sert davantage à faire connaître la rare piété et générosité de ce brave Chevalier, qualités qu'ont remarquées en lui tous ceux qui l'ont connu, et qui ne sont communes aux hommes de mer et de guerre.

Les Barbares témoignèrent avoir changé d'avis, et voulurent commencer une conférence. Ils demandèrent qu'on allât à Salé pour traiter, promettant la foi et sûreté. Monsieur du Chalard fut député, qui, comme nous avons dit, commandait un vaisseau, et avait principale part en la conduite de cet armement.

Ces infidèles à Dieu et aux hommes tâchèrent de surprendre sa chaloupe, ce qui l'obligea à se sauver. Monsieur le Commandeur le laissa encore à la rade, pour attendre l'effet des promesses de ces perfides; au moins était-ce pour les mettre dans tout le blâme. Ils prolongeaient la conclusion à mauvais dessein; néanmoins, il fit une trève pour cinq mois, pendant lesquels on ne ferait aucune prise de part et d'autre, et qu'à la fin on rendrait les esclaves Français qui seraient en liberté durant ce temps-là, et que l'on ferait la paix.

Cela arrêté, Monsieur du Chalard et les autres capitaines allèrent à Saffi. Monsieur le Commandeur y était dès le cinquième octobre, et y avait trouvé Frère Rodolphe, capucin, qui l'attendait avec la réponse du Roi de Maroc. Ce prince assurait le Commandeur et les siens d'être les très bienvenus, et qu'il envoyait sûreté à Frère Rodolphe et autres, pour traiter en toute amitié et franchise avec ceux qu'il députerait.

Mais Monsieur le Commandeur et tous ceux de la flotte, voyant les tempêtes qui commençaient d'être furieuses en ces côtes, où il est impossible de tenir la mer et de subsister aux rades, si l'on n'est en assurance dans quelque hâvre, et il n'y avait pas là de sûreté, ils écrivirent au Roi de Maroc pour lui faire savoir la nécessité de leur retour, avec promesse de revenir l'année suivante, de bonne heure. Avant de partir, ils tirèrent le plan de l'île et forteresse de Mogador, qu'ils ne trouvèrent pas en état d'être surprise; puis ils mirent à la voile, et arrivèrent au Port-Louis, ou Blavet, en Bretagne, le 20 novembre 1620.

LE TROISIÈME VOYAGE DE MAROC

EN AFRIQUE (1630).

CHAPITRE UNIQUE.

Le Commandeur expose à la Cour et au Père Joseph l'état des affaires au Maroc. On décide une nouvelle expédition. Elle arrive à Salé. Insolence des habitants; on reprend sur eux plusieurs captures. Rachat des esclaves. L'Empereur ne répondant pas aux lettres du Commandeur, et les missionnaires n'obtenant pas la liberté d'exercer leur ministère, on se résout à revenir en France. Instructions du Père Joseph (1630).

Je fais même jugement des talents que les hommes prétendent déployer en face des difficultés qui se rencontrent dans les affaires, que des habits dont ils se parent : ils font gloire de ce qui couvre leur honte, et tirent vanité des marques d'un grand crime. Ainsi, qu'il s'agisse de résoudre les affaires ou de les entreprendre, certains esprits prétendent y apporter l'avantage d'un plus grand raisonnement, d'une connaissance plus pénétrante, qui sait éplucher jusqu'à la moindre circonstance, et à qui on ne peut rien dérober; mais ce sont, à n'en point mentir, autant de déclarations de leur faiblesse, et de publics aveux de leur ignorance.

Les intelligences célestes voyant tout dans le Verbe de Dieu, qui est le miroir sans tache de la divine essence et le centre où toutes les créatures se ramassent, ne s'entreparlent qu'avec la manifestation de leurs pensées, et Dieu, qui est la suprême raison, ne leur fait connaître ses volontés que par des illustrations. C'est que leur nature, purement spirituelle, déchargée de la matière, les rend capables des vérités universelles, et, ayant plus de connaissance, elles ont moins besoin de discours pour se communiquer. Mais l'homme, étant appesanti, a moins de connaissance; il agit avec incertitude, et il lui faut plusieurs propositions pour tirer une conséquence, comme il faut plusieurs outils à un artisan pour achever la besogne; d'où il ne peut prendre avantage. Aussi est-ce un défaut qui n'est pas aux ouvrages de fonte, qui s'achèvent tout à la fois. C'est de ce manque de lumière que naissent tant de difficultés, soit qu'elles suivent l'affaire, comme l'ombre le corps, soit que les rencontres les produisent, ou que l'esprit qui la traite les conçoive.

Dans le narré de cet embarquement, on remarque plusieurs incidents qui en empêchèrent l'issue, et la rendirent peu heureuse; ils donnent une conviction puissante de la faiblesse humaine et de la vérité de ma proposition.

Sitôt que Monsieur le Commandeur eut mouillé en Bretagne, il partit pour se rendre à la Cour, afin de faire entendre au Roi et à son Conseil l'issue de son voyage. Là, il informa pleinement le Révérend Père Joseph du décès des Révérends Pères Pierre d'Alençon et Michel de Vezins. Cette nouvelle le toucha jusques au vif, et lui tira des larmes très amères, comme celles du Roi Antiochus pour la mort du grand-prêtre Onias, se souvenant de sa sobriété et de sa modestie. Le Père Joseph regrettait la mort de ces braves soldats, à cause de leur zèle et des grands services qu'ils pouvaient rendre à Dieu pour le salut des âmes. Et si l'exemple d'Antiochus vous semble rude, à cause de la réprobation de ce prince, je dirai que le Père Joseph pleura comme le bon Machabée, quand Lysias eut assiégé les forteresses d'Israël.

Ce qui le consola, fut d'apprendre le grand service qu'ils avaient rendu à Dieu en publiant avec courage sa gloire et la Religion catholique, de vive voix, par l'exemple et par écrit, puis l'assistance pleine de charité qu'ils avaient donnée à tant de pauvres chrétiens esclaves, en danger manifeste de leur salut. Certes, il rendit de très particulières actions de grâces à Dieu, de ce qu'il s'était servi de lui pour retirer, par un moyen extraordinaire, le Révérend Père Pierre d'Alençon de l'esclavage du diable, et de ce qu'il lui avait donné le mouvement de le choisir pour cette mission, où Dieu avait permis qu'il fût mort dans les liens d'un prince barbare, entre lesquels il avait conservé une innocence entière, et dans les généreuses pratiques d'une charité si ardente, que l'Église, par admiration et par reconnaissance, la fait passer pour un martyre, et lui en accorde l'auréole.

A dire vrai, ces larmes étaient les preuves bien douces, mais véritables, de la tendresse que ce Père avait pour de si chers enfants. Et on peut dire de lui ce que les Juifs disaient du Sauveur, quand ils le virent pleurer le Lazare défunt : que c'était signe de la grande amitié qu'il avait pour ce jeune seigneur. Leur haute vertu méritait au moins cela. Je suis certain que, s'il pleura la mort de ces deux religieux dans un même emploi, il eût pleuré pour le Père Pierre seul; car il l'aimait tendrement et l'estimait beaucoup, comme l'Apôtre son Timothée, qu'il appelait son enfant très chéri.

Il en est des esprits du commun comme de ces petits ruisseaux qui, au rencontre de la première chaussée, changent de lit, ou remontent à leur source, comme pour chercher du secours afin de vaincre cette opposition. Mais les esprits forts, ainsi que la mer qui se fait doucement un passage à travers les obstacles, et passe en coulant sur les digues, ont la vue plus étendue, et portent leurs pensées sur divers objets tout à la fois. Ils ne se rebutent pas pour les premières difficultés, mais tiennent à gloire de les vaincre. Le Révérend Père Joseph, dont l'esprit était généreux, ne permit pas que la mort de ces deux Religieux fût la ruine de ces desseins charitables; son courage redoubla dans les difficultés qui s'étaient rencontrées en ce second voyage. A l'exemple du Sage, il se tourna à d'autres choses, et, considérant les calamités qui se faisaient sous le soleil en ces royaumes, et les larmes des captifs innocents, sans aucun de qui ils pussent recevoir de la consolation, et craignant qu'ils ne cédassent à la violence de leurs maux, étant privés de toute aide, il loua les morts plutôt que les vivants, et résolut, puisque ces deux bons Pères avaient effectivement sacrifié leur vie pour le service des captifs, de n'épargner aussi ses soins et le peu de crédit qu'il avait, pour les faire tirer d'esclavage.

Il le persuada à Monsieur le Cardinal, à qui sa charge donnait toute la conduite de la mer, de sorte qu'il en parlât à Sa Majesté, et la suppliât de renvoyer Monsieur le Commandeur de Razilly au Roi de Maroc et aux rebelles de Salé, pour ramener les esclaves Français, traiter de la paix, vu qu'on ne pouvait pas pour lors faire une guerre ouverte, par ce moyen empêcher qu'ils ne continuassent à prendre les Français, et y établir le commerce. A quoi Sa Majesté, touchée de sa piété ordinaire, consentit volontiers, et il fut ordonné que Monsieur le Commandeur monterait le vaisseau dit *la Licorne,* et que le sieur du Chalard serait son vice-amiral sur *la Renommée,* et le sieur Palot aurait une patache, ne jugeant pas à propos d'armer davantage de vaisseaux, puisque la force ne pouvait mettre ces Barbares à la raison, joint qu'on avait besoin de vaisseaux en France, étant en guerre indirecte contre l'Empereur, l'Espagne et la Savoie, à cause de Monsieur le Duc de Mantoue, que le Roi protégeait contre l'invasion de ses États commencée par Casal.

Cette flotte leva l'ancre à la rade Saint-Martin, le 28 juin (1630), et mit sous voile pour aller droit à Salé. Il y avait danger de ne rien faire avec le Roi de Maroc, si on eût traité premier avec ceux de Salé. Sans doute, il eût trouvé mauvais que l'on lui eût préféré ses sujets. Ils y allèrent droit, non pour commencer leur traité par Salé, mais à cause de la grande facilité qu'il y avait de se rendre de là à Saffi, qui est, comme nous avons dit, le port de Maroc.

Les 12 et 13 juillet, quelques vaisseaux marchands se joignirent à eux vers le cap de Finistère, qui fuyaient des corsaires dont ils étaient poursuivis.

Le 23 du même mois, ils arrivèrent à la rade de Salé, où d'abord ils prirent un vaisseau chargé de sel, que ces habitants pirates avaient volé. Cela empêcha presque l'effet de ce voyage; car les habitants mandèrent à Monsieur le Commandeur qu'ils n'entendraient à aucun traité, que ce vaisseau ne leur eût été rendu; que la force ne les obligerait jamais à lui donner contentement; qu'étant venus pour traiter d'alliance on ne devait pas commencer par la guerre. A quoi Monsieur l'Amiral répondit qu'ils étaient dans ce blâme, ayant commencé par la prise de plusieurs vaisseaux français; qu'ainsi ils n'avaient sujet d'offense, et ne devaient non plus refuser un traité, sauf à convenir de ces prises en le faisant.

Ces difficultés continuèrent jusques au second d'août, et pendant ce temps on leur arrêta encore deux prises, l'une française, où il ne restait sinon un peu de mairain, l'autre espagnole, chargée de chaux. Sur ces incidents, on tint conseil, et l'on jugea que, n'étant venus que pour la paix, selon l'intention du Roi, il fallait chercher les moyens pour y arriver. En effet, ce même jour on trouva une voie pour adoucir les choses, et préparer les esprits à un entier accommodement. Durant ces rencontres, le sieur du Chalard fut à terre demander le Révérend Père d'Athis, Religieux de l'Ordre de la Rédemption des captifs, qui n'avait pu s'embarquer l'an passé, afin de s'instruire de l'état des choses, et de la volonté de ces Messieurs sur les propositions qui avaient déjà été avancées.

Enfin, après plusieurs éclaircissements, le second jour d'août, on commença de se disposer pour entendre tout à fait au traité. Les otages furent envoyés des deux côtés, pour la sûreté de ceux qui traiteraient. Monsieur du Chalard alla au château de Salé, où les Gouverneurs et ceux du conseil du Divan étaient. Ils s'assirent sur des carreaux de damas rouge, le pavé de la chambre couvert de tapis. Il y avait une petite table, haute d'une coudée, où le secrétaire du Divan écrivait ce qui avait été délibéré. Ce fut là qu'on leur présenta la lettre de Sa Majesté Très Chrétienne, qu'ils reçurent avec grand honneur.

Cette conférence fut conduite avec tant d'heur et de prudence, que, le 22e de Dulhache de mil et trente-neuf ans, et des chrétiens le 3 août 1630, fut faite une suspension d'armes entres les Français et ceux du château et forteresse de Salé, les Gouverneurs et ceux du Conseil, ou Divan, avec défense de rien entreprendre les uns contre les autres.

Le 4, fut accordé que, pour le rachat des esclaves Français qui se trouveraient au dit lieu de Salé et terre de sa juridiction, on paierait à leurs patrons l'argent qu'ils auraient coûté, avec quarante pour cent de profit en toile de Rouen à prix raisonnable. Les Français promirent aussi de relâcher seize prisonniers Maures ou Turcs. De France, ils étaient cent cinquante et un, sans en compter vingt que le Père d'Athis avait rachetés, et trois retirés par des particuliers. On délivra aussi deux religieux Hibernois. Ce rachat se monta jusques à la somme de treize mille trois cent soixante ducats. Ce commerce dura jusques au 9 d'août.

Le 15, le sieur Palot fut envoyé à Saffi porter la lettre que Monsieur le Commandeur écrivait au Roi de Maroc, donnant avis à Sa Majesté que, dans peu de jours, il serait à ce port, afin d'achever le traité commencé l'année précédente; que, pour cet effet, il La suppliait lui envoyer à Saffi un passe-port pour les Français qu'il mettrait à terre, afin de travailler à cette affaire le 20 d'août.

La plupart des esclaves étaient rendus aux bords. Quatre des principaux de Salé furent complimenter Monsieur l'Amiral. Pour leur rendre cette visite, Monsieur le Commandeur envoya le Révérend Père Isidore de Baugé, capucin, et Frère Rodolphe, du même Ordre, avec le Révérend Père d'Athis et son secrétaire. Le 22, ils en revinrent, fort satisfaits des honneurs qu'ils avaient reçus, et apportant une douzaine de peaux de vautour et d'autres raretés dont on les avait régalés.

Peu après, deux des plus considérables bourgeois portèrent au bord de Monsieur l'Amiral les articles de la paix dressés suivant les mémoires que leur avait laissés Monsieur du Chalard, signés de tous ces Messieurs. Il y avait plusieurs articles qui seraient trop longs à rapporter, outre qu'ils seraient inutiles. C'est assez de dire que la trêve y était pour deux ans. Monsieur l'Amiral et son Conseil demandèrent que, au lieu où il y avait : « Qu'aucun vaisseau de Salé ne pourra prendre vaisseaux ennemis dans les ports ou rades de France, » on voulût changer ces paroles et mettre : « A dix lieues de terre de France. » Ceux de Salé refusèrent ce changement. Sur ce, le traité fut rompu et les otages renvoyés. Ces Messieurs disaient que c'était une loi de ce Royaume, et qu'ils ne pouvaient et ne devaient la transgresser.

Dieu, qui favorise toujours les bons desseins de

ses lumières, fit rencontrer un adoucissement à cet obstacle, afin de renouer le traité. Ce fut de signer les articles en la forme que ceux de Salé les proposaient, mais pour un an seulement, et sous le bon plaisir du Roi de France ; que, si Sa Majesté agréait ce traité, la trève serait continuée pour six ans, comme ils demandaient ; sinon, l'an achevé, les choses demeureraient aux termes qu'elles étaient avant : ce qui fut reçu des deux parties, et signé.

Par cet accord, Messieurs de Salé consentaient que deux des Pères Capucins demeurassent en cette forteresse pendant la trève, pour assister les chrétiens avec toute liberté. C'était le dessein du Révérend Père Joseph, qui prétendait y établir une mission. Il y avait espérance d'y profiter auprès des habitants, la plupart desquels étaient encore chrétiens en leur âme, au rapport des marchands qui y avaient commerce, et des esclaves qui dès longtemps y demeuraient. Néanmoins, cela ne se pouvant conclure que par l'avis commun, tant de l'Amiral et de son Conseil, que des quatre Pères Capucins à qui il touchait principalement, en ayant l'ordre selon les occurrences raisonnables, il s'y trouva de la difficulté, tous les avis ayant été ramassés. Ainsi, tous ensemble résolurent de n'y pas demeurer, quoique le sieur Pierre Mazet, que l'on y laissait Consul, en fit de grandes instances. Ils passèrent donc un acte, à la rade de Saffi, avant de partir pour retourner, comme nous dirons, à ce qu'il leur servit d'une décharge de ce qu'ils n'étaient demeurés.

La flotte leva l'ancre de cette rade, pour la mouiller à celle de Saffi.

Arrivés à ce port, ils envoyèrent la lettre du

Roi de France à celui de Maroc par un exprès; de laquelle on ne reçut de réponse, non plus que de celles de Monsieur le Commandeur; de sorte que, tout étonné, il ne savait quel jugement faire de ce silence.

Il est vrai que le sieur du Monts et les autres esclaves écrivaient assez souvent, donnant espérance de leur venue prochaine à Saffi, et les dernières assuraient qu'ils étaient sur leur partement; que les Commissaires du Roi avaient entre mains toutes les dépêches et la lettre que Sa Majesté écrivait pour réponse au Roi de France; qu'il n'y avait plus de manque, sinon la boîte qui s'achevait pour la mettre. En cette attente, on reçut lettres d'un certain Polinbert et d'autres esclaves, portant que le Roi de Maroc voulait retenir vingt et trois esclaves, que Sa Majesté assurait lui être nécessaires, et que, faisant la paix avec lui, on ne le pouvait refuser, en les laissant libres avec leur paye.

Le 8 octobre, fut arrêté un vaisseau flamand chargé de marchandises pour les Juifs, entre lesquelles il en fut trouvé de contrebande : quantité d'acier, armes, mors de bride et autres. Il fut amené en France pour le faire adjuger : la valeur en était de cent mille francs.

Tant de longueurs et de remises mirent la patience de Monsieur l'Amiral à l'épreuve, et lui firent perdre l'espérance de pouvoir conclure aucun traité, ni même de rien faire avec ce prince; et la saison commençait d'être mauvaise à ces côtes. Il résolut de partir. Les Pères Capucins, ayant su cette résolution, s'assemblèrent au bord du Vice-Amiral, Monsieur du Chalard, pour faire l'acte suivant :

« Ce jourd'hui, 16 d'octobre 1630, nous nous sommes assemblés au navire de Monsieur du Chalard, sur ce que nous avions à faire touchant le dessein pour lequel nous sommes venus au présent embarquement, selon l'obédience et les ordres du Révérend Père Joseph. Où, ayant proposé à mon dit Sieur du Chalard la résolution que nous avions prise tous ensemble il y a huit jours d'un commun consentement, il nous a témoigné de parole qu'il eût bien désiré notre établissement en ce pays. Nous lui avons déclaré les inconvénients qui nous en divertissaient, qui sont entre autres les suivants, fondés sur l'article de paix, qui porte que des Religieux pourront venir en terre avec le Consul Français, à condition que nous ne traiterions sinon avec ceux de notre nation. Les inconvénients sont les suivants :

» Premièrement et principalement, que nous ne pouvons y aller sans nous obliger, sous l'autorité de notre bon Roi, sous le seing des dits Messieurs et sous la foi publique, à une chose que nous ne pouvons avoir intention de garder, étant contre notre conscience de refuser les très saints sacrements et autres consolations spirituelles aux chrétiens qui nous les demanderont, comme aux Espagnols, qui y sont en grand nombre. Secondement, qu'il ne demeure à Maroc sinon le Consul avec un serviteur, et qu'ainsi nous croyons que l'intention du Révérend Père Joseph n'est pas que nous nous abandonnions à une si grande extroversion dans un logis où tout le monde aborde, pour servir d'aumôniers à deux personnes, sans espérance d'aucun autre bien ; joint que nos ordres portent de servir au besoin spirituel de tous les chrétiens de toutes les nations, soit libres ou esclaves. Troisièmement, d'autant que nous jugeons cette restriction honteuse à une mission apostolique; et plusieurs autres raisons que nous dirons lorsque nous en serons requis. Or, afin qu'il paraisse de notre dite mission, nous avons trouvé bon de la rédiger par écrit, et la signer, chacun en particulier, de notre propre main. Fait au navire *La Renommée*, commandé par Monsieur du Chalard, à la rade de Saffi, ce seizième d'octobre mil six cent trente.

» F. ISIDORE de Baugé, C. I.
» F. PACIFIQUE de Mazé, C. I.
» F. LAZARE de Blois, C. I. »

En ce temps, ils mirent à la voile et partirent pour France, et, le dernier d'octobre, étant proche de Ré, un vent contraire repoussa cette flotte jusques aux côtes d'Angleterre et d'Irlande, avec grand péril; elle fut contrainte de tenir la mer trois semaines. Le vingt-quatrième novembre, elle prit terre à la rade en Ré, au même jour que je finis le narré de ce voyage, en vous faisant voir le modèle de l'obédience que le Révérend Père Joseph donna pour ces trois Pères Capucins et Frère Rodolphe d'Angers, aussi Capucin. Les noms n'y sont pas, d'autant qu'il l'envoyait au Révérend Père Provincial pour y mettre ceux qu'il jugerait à propos, qui furent les susdits.

« Admodum venerando in Christo Patri.... Ordinis Fratrum Minorum Capucinorum Provinciæ Turonensis, Ego F. Joseph Parisiensis, præfectus autoritate Apostolica Missionum ejusdem Ordinis ad Marochium et alias Africæ partes. S. I. D.

» Cum illustris Commendator Melittensis Militaris S. Joannis D. Razilius, Gallus, ex mandato Christianissimi Regis proficiscens Marochium ad redimendos captivos, atque in diversa loca propter pias et legitimas causas, petierit a nobis, cui autoritate Apostolica cura superius exposita commissa est, ut accedente consensu R. P. Provincialis, aliquem ex nostris idoneum cum socio vel sociis, prout exigentia rei requireret, in ejus comitatu mitterem, ut illorum qui in navibus sub ejus gubernio constitutis existunt utilitati spirituali, tum etiam populorum ad quos præfatæ naves accedunt, deservire queant; atque præsertim ut in civitate Marochiæ Salé, vicinisque locis, Christianos illic commorantes juvare valeant. Nos qui plurimum de tua probitate, doctrina, animarum zelo, in Domino confidimus, juxta facultatem hac in parte nobis concessam a Sede Apostolica et a R. A. P. Generali Ordinis nostri, ad hoc munus dirigimus atque destinamus, Teque ad illud iter electum fuisse a R. P. Provinciali tuo approbamus et confirmamus, Teque insuper Superiorem aliorum Patrum Ordinis nostri, qui in civitate Marochia, Salé, vicinisque locis morabuntur, constituimus, atque illis ordinamus ut tibi pareant, tam pro regularis disciplinæ observantia custodienda, quam pro negotiorum bono regimine. Tibi etiam amplum et omnimodum usum impertimur facultatum nobis a Sede Apostolica concessarum pro Missionariis nostris in partibus Orientis, quas eadem Apostolica Sedes extendere dignata est ad Missiones nostras in Regno Marochiæ, sive aliis Africæ locis, quas facultates exercebunt etiam Sacerdotes Ordinis nostri tecum profecti, aut profecturi, prout opportunum tibi videbitur. Et ad quoscumque vestræ navigationis cursus vos diriget in Africæ partibus, eos exemplo vitæ Apostolicæ, Catholicæ fidei, salutari doctrina, et prædictarum facultatum beneficio adjuvare curabitis, quos etiam deprecamur ut vos omnibus charitatis officiis prosequantur. Pro quorum majore fide, has præsentes litteras manu propria subscriptas officii nostri sigillo firmavimus. »

Reste à faire voir les instructions que le Révérend Père Joseph leur donna :

« Deux entreront dans le vaisseau de Monsieur de Razilly, et les deux autres dans celui de Monsieur du Chalard. Si le Vénérable Père Isidore de Baugé y va, il sera avec le premier, et si le Vénérable Père Pacifique de Mazé y va, il sera avec le second. Chacun essaiera de maintenir la paix, non seulement entre eux, mais aussi entre les séculiers, et spécialement entre les principaux de l'embarquement; en sorte que l'autorité soit conservée en la personne de celui auquel le principal commandement est donné, sans se partager pour les intérêts particuliers des uns et des autres, et leur donnant exemple par eux-mêmes de vivre en une bonne concorde, et selon l'ordre établi par l'autorité du Roi et par le mandement de Monseigneur le Cardinal.

» S'il arrive quelque différend ou variété d'avis entre les dits Pères, le Vénérable Père Isidore, ou celui qui serait le premier en son lieu dans le vaisseau de Monsieur de Razilly, aura la principale autorité, et les autres lui céderont.

» Tous les dits Pères ne mettront point pied à terre, et ne s'engageront point à demeurer dans aucune ville ou port du royaume, soit en la ville de Maroc ou de Salé, qu'ils ne soient assurés de l'établissement d'une ferme et sûre paix pour l'heure présente, autant qu'ils le pourront connaitre, entre le Roi de France et celui de Maroc, par l'avis commun de Monsieur le Commandeur de Razilly et de Monsieur du Chalard.

» Le Vénérable Père Isidore, ou celui qui sera en sa place, fera sa demeure dans la ville de Maroc, près du Consul Français, pour administrer sa chapelle et servir aux besoins spirituels des chrétiens de toutes les nations, libres ou captifs, qui se trouveront au dit lieu, comme aussi en la Cour et au camp du Roi, au port de Saffi et autres lieux où l'occasion s'en offrira, hormis en la ville de Salé, où les deux Pères exerceront leurs fonctions, et aux lieux proches; ce qui n'empêchera pas toutefois que les uns et les autres usent des facultés de la Mission, par mutuel consentement, en tous les lieux où la nécessité des affaires les pourrait porter, et notamment s'il arrivait que, par la mort ou l'éloignement de quelqu'un d'eux, il fût besoin de suppléer à ce défaut par l'assistance des autres.

» Ceux qui seront à Maroc et à Salé, s'entr'aideront fraternellement en tout ce qui leur sera possible; et ceux de Salé demeureront près le sieur

Mazet, ou autre qui serait Consul de la nation Française au dit lieu : ce qui n'empêche pas que les uns et les autres ne reçoivent les aumônes qui pourraient leur être données d'ailleurs, sans toutefois recourir à pécune qu'en cas de nécessité.

» Nos Pères prendront garde de ne se mêler de chose aucune qui concerne les affaires d'État, et les prétentions qui peuvent être entre le Roi de Maroc et ses sujets, spécialement entre lui et ceux de Salé, et entre la France et l'Espagne : ne traiteront et ne parleront en ce pays-là sur de tels sujets, sous quelque prétexte ou apparence de bien qui leur puisse sembler, encore qu'ils en fussent recherchés par ceux du pays, ou par quelques Français ou autres chrétiens, et ne mettront rien dans leurs lettres, en quelque lieu qu'ils les écrivent, sur quoi l'on puisse soupçonner qu'ils aient quelque passion ou dessein en matière d'affaires d'État; se souvenant qu'outre le péril qui leur en pourrait arriver, ils feraient en cela contre ma volonté expresse, et même contre celle du Saint-Siège et de nos Supérieurs majeurs.

» Ils s'abstiendront d'offenser les Maures par des invectives contre leur Loi; et si quelqu'un d'eux se présente pour prendre la nôtre, il faut user de précaution pour ne s'y confier qu'après une conversion véritable. Que si l'on en vient jusques à l'effet, il faut que ce soit sans témoin, et ne le faire qu'à l'extrémité, pour éviter le péril de leur âme, les confirmant cependant en leur bon dessein.

» Le but principal de nos Pères doit être de donner à tous l'exemple d'une véritable vertu et vie évangélique, qui peut, avec la bénédiction de Dieu, opérer des effets dignes de sa bonté, selon la disposition du temps ordonné par sa divine Providence, consolant les pauvres chrétiens en leurs afflictions, et les encourageant à pâtir pour la foi avec fermeté, plusieurs ayant besoin d'être fortifiés contre les tentations des supplices et vaines promesses que l'on leur fait pour les pervertir.

» Nos Pères qui y sont morts, y ont laissé une grande odeur de sainteté, ce qui oblige ceux qui y vont après à les imiter. Il faut observer la discipline régulière autant qu'il se pourra, selon qu'elle se pratique dans nos hospices, faisant deux heures d'oraison, disant les Litanies, y conviant les chrétiens si on le permet. Il ne se faut point séparer l'un de l'autre, que le moins que l'on peut, et ne se trouver jamais seul avec les femmes.

» Quant à l'usage des facultés, nos Pères peuvent les exercer sans aucune restriction, n'y ayant point d'évêques ordinaires sur les lieux, desquels il faille avoir licence. S'ils peuvent recouvrer dans quelqu'un de nos couvents un livre qui a été fait par un Père Carme-Déchaussé, qui se nomme, ce me semble, le Père Thomas de Jésus-Maria, et s'intitule *De conversione omnium gentium*, ils feront bien de le porter avec eux : il y a sur la fin une liste de plusieurs privilèges concédés par les Papes, pour les Missionnaires entre les infidèles, dont ils se pourront servir. Quand je saurai que nos dits Pères seront établis, je leur enverrai les choses dont ils auront besoin, selon qu'ils me le manderont et que je le pourrai.

» Ils feront bien de porter avec eux, s'ils peuvent, quelques grammaires, dictionnaires et livres espagnols, et notamment quelques catéchismes. Je leur en enverrai en arabe, et en espagnol aussi, après leur établissement, s'ils me mandent qu'ils ont courage d'y apprendre. Ils me feront savoir de leurs nouvelles le plus souvent qu'ils pourront, les adressant à Paris.

» Et de rechef, sur toute chose, ils auront soin de conserver entre eux la charité par paroles et par effets, et d'être considérés en leurs lettres; en sorte que l'on ne puisse de deçà qu'en tirer bonne édification, sans communiquer leurs mécontentements et dégoûts, qu'aux Supérieurs qui y peuvent appliquer le remède. »

Voilà comme cet excellent Père travaillait avec efficace à faire que, les religieux s'employant à l'avancement du salut du prochain, le leur propre n'en reçût du dommage. Ainsi le conseillait aux autres le grand Apôtre, et le faisait lui-même, châtiant son corps sans miséricorde, comme son ennemi domestique et le plus puissant secours dont le diable se serve à notre ruine. Ainsi Jésus a mis en pratique ce qu'il a voulu enseigner, afin que l'on ne prît prétexte de lui faire ce reproche, qu'étant médecin, il devait penser à sa santé avant de ménager celle d'autrui, quoiqu'il fût sans ce besoin; mais sa bonté l'a voulu réduire à ce point, pour nous servir d'un modèle accompli en toutes nos entreprises.

Faire autrement, ce serait ressembler à ces mauvaises mères, qui abandonnent la nourriture de leurs enfants propres pour en élever d'autres; ou comme ces maçons peu sages, que décrit un prophète, qui enduisent une muraille avec de la terre seule détrempée, sans y ajouter de paille pour faire la liaison du mortier, qui est cause que cette paroi ne subsistera pas. Travailler au bien d'autrui est chose fort juste, et la charité oblige à ces actions héroïques; mais il faut que ce soit sans préjudice du principal. Il faut faire le premier, comme l'unique qui nous est absolument nécessaire, et ne laisser pas l'autre. La charité, ennemie de la confusion, demande cet ordre, et veut que l'âme préfère le principal à l'accessoire.

Ce soin découvre la calomnie des médisants, qui ont représenté le Père Joseph comme une personne qui avait fait banqueroute ouverte à tous les sentiments de la piété. Il montre que l'on ne s'éloigne pas de son salut à la Cour, quand on y sert son prince, sans autre intérêt que celui de la gloire de Dieu et du bien de l'État.

LE QUATRIÈME VOYAGE DE MAROC

EN AFRIQUE (1635).

CHAPITRE UNIQUE.

Par les soins du Père Joseph, une quatrième expédition, avec deux missionnaires, est envoyée à Maroc sous la conduite de Monsieur du Chalard. Le Père Pacifique de Beaugency prêche la foi à une multitude d'Arabes. Conversion d'un Arabe, de plusieurs rénégats, et de nombre d'hérétiques des équipages royaux. Rachat de six cent trente-sept esclaves Français (1635).

L'affliction des captifs de Maroc et le péril de leur salut dans les supplices, avaient fait une si forte impression dans l'esprit pitoyable du Révérend Père Joseph, qu'il pensait continuellement aux moyens effectifs pour les soulager et les garantir de ce naufrage. Et je puis dire, avec le respect que la foi m'apprend des vérités divines, qu'il en était touché comme l'Écriture représente Dieu dans le sentiment des pénibles travaux de son peuple, lorsque pressé il dit à Moïse qu'il avait vu les misères que son peuple souffrait dans l'Égypte, et entendu les plaintes qu'il faisait à cause de la violence des Intendants sur les ouvrages, et que, connaissant sa douleur, il était descendu pour les délivrer des mains cruelles de ces Égyptiens.

C'est ce mouvement de compassion qui lui fit redoubler ses très humbles prières à Monsieur le Cardinal, pour obtenir du Roi que Sa Majesté retirât ces pauvres captifs, ou déclarât la guerre à ces Barbares, envoyant des vaisseaux vers Alger, Tripoli, Bizerte et, vers le détroit, aux côtes de Maroc.

Il réitéra tant de fois sa demande, qu'enfin on se résolut encore une fois à l'exécution. Ce fut Monsieur du Chalard qui en eut seul la commission. Monsieur le Commandeur de Razilly était absent; il avait entrepris de faire des établissements dans le Canada, ou Nouvelle-France, où il était allé. Le sieur du Chalard reçut les ordres du Roi pour achever de conclure le traité de paix avec le roi de Maroc, et le rachat des esclaves. Il partit le dernier avril de cette année 1635, de l'ile de Ré, et arriva à la rade de Saffi le 12 mai, d'où il écrivit une lettre à Sa Majesté, pour accompagner celle du Roi de France, qui portait qu'on l'envoyait pour confirmer la paix entre les deux couronnes. Il demandait un sauf-conduit, afin de descendre à terre et exécuter sa commission, en lui rendant ses respects et ses devoirs, avec deux Pères Capucins qu'il avait menés, dont le Révérend Père Pacifique de Beaugency était le premier, et le Père Jacques de Saint-Aignan le second. Ou bien qu'il lui plût envoyer quelques-uns de ses plénipotentiaires, afin de traiter avec lui de ce négoce et le finir.

Le 23 de mai, le Roi arriva à Saffi, et envoya à Monsieur du Chalard un passe-port pour aller le trouver avec vingt des siens, et qu'étant pressé il s'en devait retourner dès le lendemain à son armée, qu'assurément il l'expédierait promptement. Mais le sieur du Chalard ne trouva pas ce passe-port assez sûr ; aussi récrivit-il au Roi, donnant avis à Sa Majesté des difficultés, et que, pour traiter avec une entière assurance, il suppliait Sa Majesté d'envoyer quelques personnes à son bord pour otages, tandis qu'il se rendrait près d'elle.

Le Roi s'en retourna, le 26, à son armée, où le sieur du Chalard envoya pour solliciter d'avoir un moyen raisonnable pour l'accommodement. Il se rencontrait toujours quelque clause qui avait besoin d'explications ; enfin, après plusieurs conférences par écrit et plusieurs remises, les articles de paix furent conclus le 18 juillet 1835, dont le principal est un renouvellement d'amitié entre les deux Rois, leurs sujets et leurs couronnes ; que tous les esclaves Français seront délivrés, et aussi les Maures que l'on tenait ; qu'il demeurera des consuls Français aux ports de l'obéissance du Roi de Maroc, en toute sûreté et liberté de leur religion.

Le sieur du Chalard envoya au Roi de Maroc les présents du Roi, et reçut aussi ceux de ce Roi Barbare.

Quand il fut temps de faire embarquer les esclaves, le sieur du Chalard pria le Révérend Père Pacifique de Beaugency de descendre à Saffi, afin d'y mettre l'ordre qu'il jugerait nécessaire pour les faire avancer.

Ce bon Père assure que ce fut une merveille de voir comme ces Barbares le suivaient par la rue. Il ne s'arrêtait pas un moment, qu'aussitôt il ne fût investi d'une grande multitude de ce peuple, chacun le considérant et comme le mesurant avec les yeux. Quelques-uns d'eux, plus hardis que les autres, lui firent plusieurs questions, par lesquelles il reconnut qu'ils étaient dans une ignorance approchant de la bête, aussi bien au fait de leur religion que de la nôtre. Car, leur ayant proposé quelques-uns des plus communs points de l'Alcoran, ils lui témoignèrent n'en avoir jamais entendu parler.

L'un d'eux prit la croix qui pendait au bas du chapelet de ce bon Père, à laquelle était attachée l'image du Sauveur crucifié. Il lui demanda si c'était le Dieu que les chrétiens adoraient. A quoi ce Père repartit, en l'interrogeant s'il croyait qu'ils fussent privés de jugement jusque là que d'adorer une pièce de cuivre; ajoutant que le premier article de la créance chrétienne était qu'il n'y avait sinon un seul Dieu : « *Un !* » répéta ce pauvre homme avec grand étonnement, comme le furent tous les auditeurs, réitérant plusieurs fois : « *Est-il vrai ?* » Ce bon Père réitéra ces assurances, avec des protestations ferventes qu'il donnerait volontiers jusques à la dernière goutte de son sang pour le maintien de cette vérité.

Reconnaissant, à voir ce peuple, qu'il prenait plaisir de l'entendre, il continua son discours, ajoutant que Jésus-Christ, dont ils voyaient l'image sur la croix, était le vrai et unique Fils de Dieu, non qu'il l'ait engendré d'une femme, comme ils s'imaginaient (tous les chrétiens étant bien informés de cette vérité), mais il produit et engendre son Fils, qu'autrement on appelle Verbe divin, non par l'aide d'une femme, comme font les hommes leurs enfants, mais par la voie de son divin entendement, de lui seul et de sa propre substance et nature. C'est pourquoi ce Fils est Dieu, ainsi que celui qui l'a engendré, et même Dieu avec lui, non deux Dieu, ains un seul Dieu, comme le rayon qui procède du soleil est une même lumière avec le soleil, quoiqu'ils soient distincts l'un de l'autre.

Il leur donna encore des comparaisons plus grossières, pour s'accommoder à la stupidité de leur esprit, et aussi afin qu'ils eussent plus de moyens de comprendre quelque chose d'un si haut mystère, ce peuple étant extrêmement grossier d'entendement, sans instruction pour sa créance, sans politesse pour la vie civile, et très charnel de sa nature, étant chose assurée qu'il est de ceux desquels parle l'Apôtre, qui ne vivent que d'une vie animale, et n'ont point d'autre lumière que celle de la nature, et prennent les mystères divins pour des imaginations extravagantes, ne les examinant qu'avec un esprit grossier, terrestre et enseveli dans la matière.

Néanmoins, étant facile, et s'engageant de soi-même dans le discours en matière de religion, cela donna espérance et belle ouverture d'y faire du profit, et, par cet ongle, ce bon Père jugeait la grandeur du lion; mais il fut toujours retenu dans les vaisseaux, aussi bien que les autres Pères, et on ne les mit à terre que pour un peu de temps. On ne pouvait autrement, comme on l'a pu remarquer, et moins en ce voyage qu'aux deux autres.

Dieu, pourtant, ne voulut pas rendre celui-ci tout à fait inutile pour ce regard. Un de ces Barbares demanda de venir en France, pour quitter la loi de Mahomet avec son pays et le reste : il fut baptisé à Paris avec pompe. Cette conversion, comme assure le Révérend Père Pacifique de Beaugency, doit être rapportée aux prières et mérites des Révérends Pères Pierre d'Alençon et Michel de Vezins, par la communication desquels il avait reçu les premières impressions du christianisme, marque de sa conversion véritable et de la bonne instruction qu'il avait reçue, en ayant conservé les principes si longtemps à couvert, comme du feu sous la cendre.

Quelques renégats se réfugièrent aussi sous les drapeaux fleurissants du Roi Très Chrétien, comme à l'asile de la religion catholique aussi bien que des opprimés. C'étaient de pauvres misérables, qui avaient trop lâchement abandonné leur créance, par le mauvais traitement et la force des supplices, et non par mépris ou haine de la religion. Honteux, ils disaient, comme ces malheureux dans la Sapience, quoiqu'en autre sens : *Nous nous sommes écartés du chemin de la vérité, et la lumière de justice n'a point paru sur nous, ni le Soleil d'intelligence ne s'est point levé sur nous jusques à présent. Nous nous sommes lassés dans la voie d'iniquité et de perdition, et avons cheminé par des voies très difficiles*[1].

Je ne dois pas oublier une chose digne de très spéciale considération, que le Révérend Père Pacifique de Beaugency a mise dans ses mémoires, qui fait beaucoup à la gloire de Sa Majesté Très Chrétienne. Ces Barbares conçurent une haute opinion de sa bonté, par la considération du grand amour que Sa Majesté avait pour ses sujets, envoyant tant de fois de grosses flottes pour les retirer de captivité, ce qui ne pouvait être fait sans de grandes dépenses,

[1] Sagesse, V, 6, etc.

protestant à haute voix que leur prince ne le ferait pas. Et ce bon Père ajoute que les Espagnols esclaves, qui y étaient en fort grand nombre, témoignaient un même sentiment, et en disaient autant.

Ces Pères assurent que ce n'a été sans regret extrême, s'ils n'ont pas fait le bien qu'ils prétendaient entre les Barbares par faute d'occasion, et qu'au moins leurs voyages n'ont pas été inutiles dans les vaisseaux avec ceux des équipages. Quelques-uns, qui étaient hérétiques, se convertirent à la foi catholique, outre un règlement et façon de vivre qui ne s'était point encore vu dans les vaisseaux de guerre. Les jurements, si ordinaires aux soldats et matelots, en étaient bannis; les prières publiques y étaient faites le matin et le soir; les dimanches et les fêtes, on chantait vêpres; on y donnait l'eau bénite et le pain bénit comme dans les paroisses; les confessions y étaient fréquentes, sans attendre le péril. On y vivait comme dans une maison régulière, jusques à faire lecture pendant le repas. Depuis, ceux qui ont été en de pareils emplois, y ont ajouté la Messe et les Communions, ce qui a été de grand exemple à tous les peuples, et qui augmentait la fidélité et le courage des soldats. Une âme qui n'est point chargée de crimes laisse le corps avec moins de peine, et s'expose plus hardiment dans les périls.

En conséquence de ce traité, fait avec le Roi de Maroc et ceux de Salé par le sieur du Chalard, il ramena en France, au mois de novembre 1635, trois cent quatre Français qui étaient esclaves, et fit ôter des chaînes et du travail trois cent trente-trois, mis en liberté par le crédit du Roi et ses largesses, joint le soin particulier du brave gentilhomme, qui s'obligea à la rançon payable au Gouverneur de Salé à la fin du mois d'avril 1636.

Outre que cela met en évidence un grand effet de la miséricorde et compassion du Roi pour ses sujets, cela découvre le zèle du Révérend Père Joseph, le soin vigilant qu'il prenait pour négocier et obtenir les moyens de faire ces grandes et extraordinaires dépenses, et si peu pratiquées. *Reliquum autem verborum ejus, et omnia quæ fecit, et sapientia ejus : ecce universa scripta sunt in libro verborum dierum ejus.*

FIN.

TABLE DES MATIÈRES.

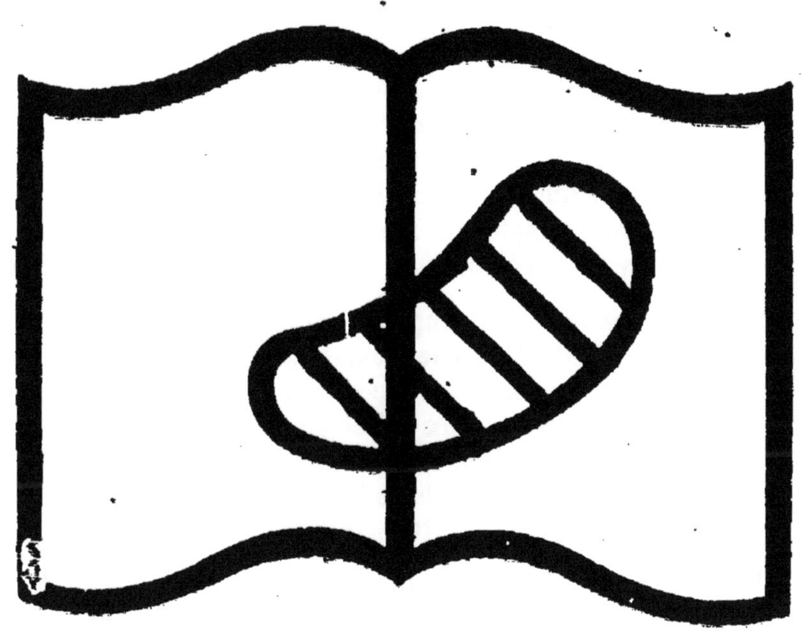

DEUXIÈME VOYAGE.

TROISIÈME VOYAGE.

QUATRIÈME VOYAGE.

IMPRIMERIE VEUVE H. CASTERMAN. (208)
TOURNAI (BELGIQUE). — PARIS, 66, RUE BONAPARTE.

www.ingramcontent.com/pod-product-compliance
Ingram Content Group UK Ltd.
Pitfield, Milton Keynes, MK11 3LW, UK
UKHW020458200726
13857UKWH00002B/758

9 782012 899544